JN094643

毘沙門B洞窟から見た外の風景
（13 三浦半島海蝕洞窟遺跡）

ここは愛の詰まった場所だ

（8 大湯環状列石）

夏の野中堂環状列石

荒神谷遺跡の発掘当時の再現展示

ああ、なんてかっこいいんだ……

（4 荒神谷遺跡）

八幡塚古墳の初日の出

「八幡塚古墳で初日の出を見てるんです」——古墳で初日の出？

（5 保渡田古墳群）

サキタリ洞内にあるケイブカフェ

え？遺跡でコーヒーが飲めるってどういうことですか？

（3 サキタリ洞遺跡）

この石垣も
400年のあいだ、
この場所に
ありつづけた。
それはそれは
美しい立ち姿を
していた

（6 八王子城跡）

御主殿曲輪近くで見つかった石垣

出土時の国宝「土偶」（縄文のビーナス）

そうか、
あなたにも
いろんな
役割が
あったんだね

（2 棚畑遺跡）

こんだ
あきこの
わたしの
偏愛
遺跡旅

譽田亜紀子 著

新泉社

装幀
鈴木千佳子

本文イラスト
ヤマグチカヨ

はじめに

わたしは「土偶女子」という肩書きをもっている。

自分でつけたわけではないし、「女子」といわれると、お尻の穴がもぞもぞして座りが悪い。それでも土偶女子と名乗るのは、大切なアイデンティティだからだ。

土偶好きが高じて本を執筆する仕事を本格的に始め、２０２４年で10年になる。世界で唯一土偶に養われている女、と自認し、できることならばこの先も土偶とともに楽しく暮らしていければいい、と思っている。

土偶に導かれるままに行ったことがない土地に赴き、その地で土偶好きの人たちに出会う。どこの遺跡に行ってどんな土偶を見た、と話す老若男女のキラキラした笑顔を見ると、この仕事をしてきて本当に良かったと思う。好きなものを通して楽しさを共有することができる。これほど幸せなことはない。同時に毎度、土偶の計り知れぬ魅力を思い知るのだ。

さて、その土偶は遺跡から見つかる。つまり遺跡は、土偶が再び世界に姿を現す場所でもあるわけだ。

土偶に限らず、遺跡からはさまざまなものが見つかっている。土器、土偶、石器はいうに及ばず、そこで暮らしていた人たちが食べたもののカス、植物でつくったさまざまな道具、美しく彩色した装飾品、丹念に加工した貝製品、なかには「はて？　これはなんだ？」と首を傾げるようなものまで、ありとあらゆる暮らしの痕跡が残ったのが遺跡である。

そんな遺跡に足を運ぶと、本で読んでいたのとは違う印象を受けることがある。遺跡を取り巻く立地や風の通りぐあい、水場との距離やその場所から立ちのぼる気配。においもある。これらは遺跡に立って初めてわかることで、どうして彼らはこの場所を選んだのか、ということを、五感を通して感じることができるのだ。遺跡に行く醍醐味といったらいいのかもしれない。

本書は、わたしの好きな遺跡の話をまとめた遺跡エッセイである。詳しい内容は本編に譲るが、だいたいどこの遺跡に行っても、残された手がかりをもとに好き勝手に妄想を繰り広げている。

その楽しいことといったら！

そこに正解はない。学術的な根拠もない。遺跡を訪れた人だけが感じる心のありように、正しいも間違っているもないのだ。

「遺跡に行く」ということを難しく考えず、同じ日本列島に暮らした先祖たちの暮らしを「ちょっとのぞきに行く」――そんな軽い感じで十分なんじゃないかと思っている。この道具どうやって使ってたの？　この土器のゴッツイ装飾本当に必要か？　ああ、これ、うちのインテリアにしたいわー、などと、あれこれツッコミながら出土品を見たらいいし、散歩のつもりで遺跡を訪ねたらいい。

本書では、そうして訪れた17の遺跡について書いた。どこの遺跡もわたしのお気に入りで、願わくば本書を読んでいただいたあかつきには、ぜひとも現地に足を運んでいただきたいと思っている（そのときは、旅のお供にどうぞ本書をお忘れなく！）。そして、どこかの遺跡でわたしと出会ったならば、あなたの偏愛遺跡旅の話を聞かせてほしい。もちろん、読むだけの脳内遺跡旅でもいいのだけれど。

なお、なかには訪れたのが何年も前だったりするところもあるため、記憶が違っていたり、現状と様子が異なる場合もあるかもしれない。その点については何卒ご了承願いたい。

さあ、ここから先は遺跡を舞台にした、こんだあきこのめくるめく妄想ワールドになる。よろしければニヤニヤと笑いながら、偏愛遺跡旅にお付き合いいただければ幸いである。

目次

1

ざわつく弥生のテーマパーク
——吉野《よしの》ヶ《が》里《り》遺跡

佐賀県
弥生時代

自他ともに認める縄文好きである。いまさらいうこともないのだけれど。

なので、まさか自分が弥生時代の本（『知られざる弥生ライフ』誠文堂新光社）を書くことになろうとは思いもしなかったわけで。しかしながら、書くとなれば弥生の遺跡も見てみないとダメだなと思うにいたり、「弥生の遺跡といえばここ！」という、吉野《よしの》ヶ《が》里《り》遺跡に行くことにした。遺跡界の国宝ともいうべき「特別史跡」に指定されている、弥生時代を代表する遺跡のひとつだ。

わたしが小学生の時に習った「弥生の遺跡といえばここ！」は、たしか静岡県登呂《とろ》遺跡だった気がする（ちなみに、登呂遺跡も特別史跡である）。それがいまでは吉野ヶ里遺跡にとってかわられている。遺跡にもブームがあり、なんとなく切ない。

さて、そのとってかわった側の吉野ヶ里遺跡である。ここは訪れる前から聞かされていた。

「整備に対する国の力の入れ方がハンパないから。良くも悪くも弥生のテーマパークだから」

弥生のテーマパーク。

弥生時代をテーマにした公園。

そう考えればなにも間違ってはいないが、ちょっと胸がざわつくのはなんでだろう。

兎にも角にも、胸のざわつきとともに吉野ヶ里遺跡に向かうことにした。

逆茂木に出迎えられて

吉野ヶ里遺跡は、駐車場、そしてエントランスからしてすごい。威風堂々としていて、これまでに訪れた遺跡のなかでは圧倒的だ。

当たり前だが、どこを見てもちゃんと整備されていて少しポカンとしてしまう。いままで足を運んできた施設とあまりにも違いすぎるのだ。なんだか少し腹も立ってきた。

ほかの遺跡だって、当時の人たちの営みの痕跡なんだから、同じじゃないか。吉野ヶ里遺跡ばっかり、えこひいきなんじゃない？

歩きながら、意地悪なわたしが心のなかで小さくつぶやく。とはいえ、ここを見学しないと弥生時代は語れないので、先に進む。

ここで少し、吉野ヶ里遺跡について解説しておこう。

吉野ヶ里遺跡は、佐賀県旧神埼町、旧三田川町、旧東脊振《ひがしせふり》村の三つの町村にまたがった巨大集落遺跡で、弥生時代のすべての時期にわたって人が暮らしつづけた場所であり、弥生時代にどのように社会が変化していったのかがわかる、という。つまり早い話が、この遺跡を見ておけば弥生時代の「ムラ」がどうやって「クニ」になったかがわかるよ、という遺跡なのである。だから、いまでは「弥生遺跡といえばここ!」になったというわけだ。

吉野ヶ里が一番栄えたという弥生時代後期には、国内最大級の環壕《かんごう》集落になったそうだ。環壕集落とは、集落のまわりを深い壕で囲んだ集落形態をいう。吉野ヶ里では大規模な外環壕をめぐらし、そのなかに内壕で囲まれた二つの区域(北内廓、南内廓)がつくられ、特に北内廓には大型の建物がたてられた。

ということを知ったうえで、吉野ヶ里遺跡をめぐることにした。

まず正門へと向かう。集落の入口の一つである。すると見えてくるのが――「さかもぎ」である。

「逆茂木」

漢字で書くとそのおそろしさが伝わることだろう。先を尖らせた木材を林のごとく繁らせ、逆さにして地中に埋めこんだ防御設備である。

わたしが訪れた時には、長年風雨にさらされ若干お疲れ気味な逆茂木であったが、それでも「何人たりともここの門は通らせない」という気概は感じた。なんとなく突入する気持ちは削がれそうだ。よくこんな残忍な仕掛けを考えるものだ。

集落に入ると、そこは南内廓。支配者層や王の住まいだという竪穴建物が復元されていた。「大人《たいじん》の妻の家」とある。大人とは支配者層のことらしい。

え？　どういうこと？

胸がざわついた。

妻だけの家があるの？　夫婦であっても男女は別に暮らしていたと考えて復元しているの？　そもそも、なぜ「妻」の家ってわかるの？　根拠はどこにあるの？

一方で、テンションが上がってしまうわたしもいる。

聞いたことない、そんなの。おもしろい！

さすがは弥生のテーマパークである。一層ふくらんだ期待とともに「大人の妻の家」に入ってみた。

驚いたのは土のベッドがあったことだ。衝撃である。竪穴建物のなかに、土でつくられているとはいえ、ベッドが出現するとは思いもしなかった。「敷物があったとしても、地べたでは正直寝たくない」という気持ちがあったのだろうか。しかも、ここは支配者層の家だから、そういう意識が強かったのかもしれない。ベッドにすることで地面から上がってくる湿気を避けることもできるし、機能的にも気分的にもベッドはありだなと思う。なんでいままで見たことがなかったのか、不思議なくらいである。枕元には収納具などが置いてあって、なかなかリアルな感じで楽しいではないか。

その先へ行くと、吉野ヶ里を支える職人たちの様子が再現されていた。吉野ヶ里遺跡では絹の布も見つかっていて、なかには日本製の絹糸もあったと判明。それも野生の蚕ではなく家蚕から糸をとったのだという。色も鮮やかで、支配者層は、アカネやアカニシなどの天然染料で染めた糸で織った衣服をまとっていたとあった。

そんなことまでわかるのか。ただただ驚くばかりである。しつこいようだが、さすがは弥生のテーマパークである。

さあ、次に向かうは最大の見せ場、北内廓だ。

3階建ての巨大建物

まず、入口がかわいい。実はほかの入口にもあったのだが、神社の鳥居のような門の上に鳥が並んでいる。

あ、だから鳥居か。

鳥は、弥生時代においては、稲の神様を連れてくる使者のような存在として考えられていたそうで、弥生時代の遺跡からは鳥形の木製品も見つかっている。そんな鳥がちょこんと乗った門をくぐってなかに入るのは、なんだか縁起がいい気がする。入口では「絶対外敵は通らせない」と威嚇しまくりの逆茂木に対して、なかに入ると「ウェルカム！」といわれているかのような門。この対比がなんともいえずいい。実際には、ウェルカムではなく「この先は神聖な場所」との目印だったのかもしれないのだが。

こうして鳥に見守られながら北内廓を進むと、目に飛びこんできたのは、巨大な高床式の建物である。それも3階建てだ。

えー、これはさすがにやりすぎなんじゃないの？

あくまで個人の感想である。

弥生時代は、縄文時代に比べると圧倒的に木材加工技術が発展する。大陸から鉄器が入ってくるからだ。それに加えて、木材加工や建築に長けた技術者たちも大陸からやって来たであろうから、3階建てもありえないわけではないのか…？

この巨大な3階建ての建物は、吉野ヶ里遺跡のなかで一番重要とされる「主祭殿」を復元したものであった。クニ全体に関わる重要事項を話しあったり、祈りやまつりをおこなった場所だという。

階段をのぼり2階へ。

ジャーン！　はい、きた、これかー！

奥に座る人物を中心に、左右に分かれて向かい合わせに居並ぶきれいな衣を着た人びと。衣には色分けがある。きっと身分の違いとか所属の違いなんだろう。その後ろにも神妙な顔をして座っている人がいて（マネキンだからそう見えるだけなのだけど）なかなかの緊張感である。上座、つまり奥に鎮座するのは、凛々しいお顔の吉野ヶ里の王。

「ほんまかいな」

思わず声がもれる。いや、疑っているわけではないのだけれど、どうにも自分の「弥生時代」と違いすぎるために、頭が追いついていかないのである。

軽いめまいをおぼえながら、さらに階段を上がって3階へ。

そこは北向きに祭壇が設けられたまつりの場だった。祖霊のお告げを聴く巫女が座り、その周りには従者たちがかしこまっている。ここで巫女が受けたご神託を階下の者たちに伝えるという構造になっていた。

だから3階建てだったのか。

一番高い場所＝神や祖霊に近い場所にまつりの場があるという設定は初めて見たけれど、わたしが弥生人でもこうしただろうな、と納得がいく。

「でも、やっぱりやりすぎなんじゃ……」などとブツブツいいながら主祭殿を出て、物見櫓《やぐら》にのぼる。ここからは集落の様子が見渡せた。夕日に照らされる時間はさぞ美しい眺めだっただろうな。実際にこの高さがあったのかはわからないが、吉野ヶ里遺跡を訪れた際にはぜひひとも見てほしい弥生時代の景色が、そこにはあった。

甕棺墓列

最後に墓を見ることにした。墓域は北内廓の奥にある。まずは歴代の王が眠るという北墳丘墓へ。墳丘墓とは、土を盛り上げてつくった丘のような墓のことで、弥生時代以降につくられるようになる。北墳丘墓は異なる種類の土が何層にも盛られ、それを突き固めてとても頑丈につくられているという。墓からは14基の甕棺《かめかん》（大型の素焼きの土器を棺にしたもの）が見つかり、なかにはガラス製の管玉《くだたま》や有柄把頭《ゆうへいはとう》飾《しょく》銅剣《どうけん》などが一緒に埋葬されていたものもあったという。いずれも貴重なもの。特にこの銅剣はとても珍しいものらしい。さすがは王の墓だ。

あ、だから、主祭殿の祭壇が北に向かって設けられていたのか。

またしても合点がいく。ここに眠る人たちに「どうかどうか、あなた方の子孫のためにお力を貸してください」と祈っていたのか。北向きの祭壇を見たときには「根拠があるのかな？」と頭の隅をかすめたけれど、これはあったかもしれないな、と思った。

次に向かったのは甕棺墓列である。

「甕棺墓列」

なんとインパクトのある字面なのだろう。甕の棺を埋めた墓が列を成している、という。

どうやってつくったの？　と問いただしたくなるほど大きな素焼きの土器に、手足を折り曲げた状態で亡骸を納め、土に埋葬する。これが甕棺墓で、北部九州に特有の棺なのだそうだ。

この甕棺2000基が、600メートルにわたり2列にずらっと並んでいる景色は現実感が薄く、自分がちょっとしたSF映画のワンシーンにまぎれこんだかのような錯覚におちいる。宇宙船から脱出する一人用のカプセルがずらっと並んでいる感じ。

なんというか、この場所だけ異世界で

正直にいうと、こわかった。

吉野ヶ里遺跡全体で1万5000基以上が埋められていると想定されているそうだ。それだけ多くの人が暮らした場所だった、ということだ。死者と生者の領域は区別されているけれど、わざわざ甕に入れて埋葬するなんて、先祖を大切にする想いは伝わってくる。

甕棺墓から見つかった人骨のなかには、頭部が失われ首から下しか残っていないものや腹部に10本も矢が撃ちこまれたものも見つかっている。なんでそんな人骨があるのか、想像するしかないが、いずれも凄惨な場面があったことは間違いがない。頭部を持ち去るって。戦国時代だと、敵を討ちとったあとに首だけ切り落として持ち帰ることがある。戦国時代の場合は武功を確認するためだと聞くが、弥生時代もそうだったのだろうか。考えても答えなどわかりはしないが、厳しいなかを生きてきたんだなと思うと、

お疲れさまでした、安らかにお眠りください。こわいだなんて思ってごめん。

そう思わずにはいられなかった。

当の吉野ヶ里遺跡は、個人的には、ざわつき過ぎてツッコミどころ満載のテーマパーク、いや、それも含めて楽しく学べる、すごいアミューズメントパークだと思う。

「弥生の遺跡といったらここ！」は偽りなしであった。

所在地

◆【吉野ヶ里遺跡（吉野ヶ里歴史公園）】
佐賀県神埼郡吉野ヶ里町田手1843　TEL0952-55-9333（代表）

2 ビーナスへ愛を込めて
——棚畑《たなばたけ》遺跡

長野県
縄文時代

ロケバスに揺られ、坂道をのぼった先にある小さな窪みに車はとまった。

「着きましたよ」の声とともに車を降り、のぼってきた道を歩いて少しくだる。この日はテレビ番組の収録で、国宝土偶である「縄文のビーナス」が見つかった棚畑《たなばたけ》遺跡に来ていた。実は、このとき初めてあの棚畑遺跡に足を踏み入れたわけだが……この際だからはっきりいおう。

残念だ〜〜〜〜〜！

それはもう「さみしい」の一言だった。あんなに恋焦がれた縄文のビーナスが見つかった場所は、いまや工場の駐車場になり、ここが棚畑遺跡であるという石碑が立つだけだった。

棚畑遺跡は、大正時代から知られた遺跡である。霧ヶ峰の南麓、標高８８０メートルの日当たりの良い台地上につくられた集落で、縄文時代前期から平安後期、中世、近世と人の営みがつづいた。その場所に工業団地を建設する話がもちあがる。それに先立つ発掘調査で、ビーナスは見つかった。

ここには、特に縄文時代中期に多くの人が暮らしたらしい。縄文のビーナスがつくられたのもこの時期である。ビーナスは、集落の中央にある墓域に、穴のなかに横たわるようにして埋められていたという。その穴にはビーナスしか埋められていなかった。

土偶は、壊れて（あるいは意図的に壊され）バラバラの状態で見つかることが多い。ところが、縄文のビーナスは左足が土圧で壊れただけの状態で見つかった。つまり、ほぼそのままの状態で埋められた、ということだ。非常に稀な、特別な土偶なのである。

わたしは、土偶好きが高じて物書きになった。土偶という心揺さぶる存在を知ってもらいたい一心で書いてきた。これまで多くの土偶と出会ったが、なかでも縄文のビーナスは、とりわけ語ることが多い土偶だった。あどけない顔に似合わず豊満な下半身や磨き抜かれた背中。少し内股気味の足のかわいらしさなど、書き尽くせない魅力がある。長い時間、棚畑の人びとの暮らしを見つめ、ともに歩んできたビーナスに、畏敬の念さえ感じていたのだ。

そのビーナスの棚畑遺跡が……。

駐車場になっているのは知っていたが、現実を目にするとやっぱり凹んだ。

なんで残せなかったのだろうか。調査に携わった人たちも、断腸の思いだったのではないか。工業団地建設のための発掘調査でビーナスは見つかったのだから、道理からいえば、遺跡がとり壊されたのは当然の成り行きである。遺跡の姿形がなくなるのは仕方のないことである。そんなことをいったら、日本中の多くの遺跡が同じ運命をたどっている。なにも特別なことではない。

――でも。

でも、あの完成度といい、まとった雰囲気といい、埋められた最後の状況といい、ビーナスはほかの土偶とは明らかに違う。少なくとも、わたしにとっては特別な土偶のひとつなのだ。そんな「縄文のビーナス」をつくり出した棚畑縄文人をイメージするには、現実があまりに生々しくて、いかに妄想好きのわたしでも気持ちが乗らなかった。

ああ、無念。

土地柄が育んだ土偶愛

「土偶が気になる」「あれ？　ちょっと土偶が好きかもしれない」「これは実物の土偶見なあかんやろ！」となった人の多くがまず目指すのが、長野県茅野《ちの》市の尖石《とがりいし》縄文考古館である。わたしの土偶の本の読者も、多くの人が「茅野に土偶を見に行ったんです」と、うれしそうに話してくれる。2024年2月現在、国宝に指定された土偶はたった5体しかないのだが、なんとそのうちの2体が、ここ尖石縄文考古館にあるのだ。もはや奇跡といっていい。その2大スター土偶こそが、通称「縄文のビーナス」「仮面の女神」である。

茅野市、おそるべし。

尖石縄文考古館、おそるべし。

多くの土偶ファンが訪れるのは、ほかの3体の国宝土偶の所在地（山形県・青森県・北海道）に比べて関西からも関東からも行きやすい、という地の利の良さもあるのだろう。

東京から行くなら、新宿駅からJR中央本線特急あずさに乗っておよそ2時間で茅野駅に到着する。こじんまりとした改札を通り、立ち食いそば店とみやげもの店を横目に見ながら連絡通路に出る。すると、迎えてくれるのは通路にデカデカと渡された2体の国宝土偶たちの横断幕である。何度訪れても「おお、ついに来たな！　やってやるぜ！」と、謎のやる気がみなぎってくるのは、土偶への愛がなせるわざなのか。

茅野の街を歩くとマンホールには縄文のビーナスが刻まれ、公園には縄文のビーナス、仮面の女神の小さな像が立っている。いたるところに国宝土偶の存在があり、この地の人たちが〝おらが町の宝〟を誇りに思い、大切にしていることがそこかしこから伝わってくる。

ちなみに、縄文のビーナスや仮面の女神だけでなく、国宝土偶にはそれぞれ愛称がある。山形県舟形町《ふながたまち》の土偶は「縄文の女神」、青森県八戸市の土偶は「いのるん」、北海道南茅部《みなみかやべ》の土偶は「カックウ」と名づけられ、ここ茅野だけでなく、それぞれの場所で土偶たちは愛されているようだ。

尖石縄文考古館へは、茅野駅から路線バスまたはタクシーを利用する。その道すがら思うのは、あそこにもここにも縄文の息吹が残っているように感じられることだ。それは遺跡というわけではなく、なんというか、漂う空気といえばいいだろうか。田畑や民家が連なるのどかな県道を走っているだけなのに、わたしにはなんだか縄文の気配が感じられるのだ。道端に置かれた石や畦道に生える草花に超自然的存在（人によっては精霊とか八百万の神といったりする）が宿り、湧き上がっている感じ？

縄文時代の遺跡があっても、ほかの地域では受けたことがない感覚だ。茅野だけなのだ。茅野は、たとえ遺跡がない場所にいても、いまでもこの地は縄文時代なんだな、と感じるのである。大地に染み渡るエネルギーが変わっていない気がする。

だからこそ、こんなにも土偶がこの土地の人たちに愛されているのだろうか。

そもそも茅野市のある諏訪地域は郷土史研究に熱い人が多く、研究者層も厚い。「7 縄文界の異端児」などでも取り上げた藤森栄一は在野の研究者であり、茅野市の縄文研究の礎を築いた宮坂《みやさか》英弌《ふさかず》も在野の研究者である。豊平村（現茅野市）で生まれ育った宮坂は考古学者・八幡《やわた》一郎《いちろう》に指導を仰ぎながら、諏訪地域の発掘調査に邁進した。今回の目的地である「尖石縄文考古館」の尖石とは、館に隣接する尖石遺跡に由来するが、そこを発掘したのも宮坂だ。彼は発掘して復元した土器を自宅に所狭しと並べ、訪れる人に見せていたという。

ちょっと想像してみてほしい。土器がいたるところに置かれている状況を。家は家族とともに暮らす場所である。想像だが、きっと暮らしにも支障が出たはずだ。わたしが妻なら「どうするのこれ！　埃っぽいからどっかやって！」と目くじらを立てそうだ。それが理由かどうかは知らないが、宮坂は昭和26年（１９５１）に自宅の馬小屋を改造して「尖石館」をオープンさせた。私設の資料館というわけだ。その後、昭和30年（１９５５）に豊平村立「尖石考古館」が開館し、初代館長に宮坂が就任する。これが現在の尖石縄文考古館の前身となる施設である。

いかに諏訪の人びとが、郷土に思い入れがあるのかがわかっていただけたことだろう。そういう場所に、2体の国宝土偶はいるのだ。地域の人たちに愛されないわけがない。

縄文のビーナスの背中

お目当ての国宝土偶「縄文のビーナス」は、尖石縄文考古館の入口から一番手前の展示室にいた。独立ケースで展示され、３６０度、ぐるっと一周ビーナスを見られる状況に、心のなかで歓喜の雄叫びをあげる。

オレンジ色のスポットライトが優しく当たるビーナスは、光によって、より柔和に見える顔で観覧者にほほえみかけ、キラキラとひかる雲母が練りこまれた胸元は叶姉妹のような艶やかさときらめきに満ちていた。まずは正面から、そして横からのフォルムをじっくりと見る。わたしは、横から見る縄文のビーナスが一番好きだ。なんともいえずカービーな背中とそれにつづくお尻の美しいことよ。プリッと上がったお尻は「出尻土偶《でっちり》」ともよばれる土偶分類がしっくりとはまる。横顔もいい。どこか遠くを見つめるその横顔に吸いこまれてしまいそうだ。

こんどは背中側にまわってみよう。ツルッツルである。持論なのだが、どう考えてもこのテカリ具合は、多くの人がビーナスの背中を撫でたからではないかと思っている。土偶は出産や命の再生など生死に関わる祈りの道具といわれることがある。だとするならば、子どもが授かるようにと棚畑の女たちは背中を撫で、出産する際には無事に生まれてくるようにとそばに置いたのではなかったか。27センチと土偶のなかでは大きく、重さおよそ3キロと赤子くらいの重量がある。時には人びとの胸に抱かれることもあったかもしれない。もちろんこれは想像でしかない。きっと違う使われ方もしていただろう。だとしても、これほどの背中のテカリはほかの土偶にはないもので、テカッている分だけ、縄文人の願いを背中に負ってきたのではないかと、彼女（縄文のビーナス）を見るたびに思うのである。

彼女の人生――いや、縄文のビーナスの「土偶生」はどんなものであったのだろうか。

多くの喜びと悲しみを見てきたビーナス。そんなことを思い、勝手に胸を熱くさせながら展示室を後にした。

〝ビーナスブランド〟の鏃

次の展示室には、これまた見応え十分な土器がズラーッと並べられていた。国宝土偶でお腹も胸もいっぱい…と流すには、誠にもったいない展示である。一番奥のケースには小さな土偶たちが〝充ち満ち〟に並べられていてとてもかわいらしく、これも見逃してはならない。そんななかで、おや？　と立ち止まった展示があった。黒曜石である。

壁際のガラスケースに星ヶ塔という原産地から運ばれた大きな黒曜石と、大きいというほどではないけれど、それなりに大きな黒曜石が展示されていた。本書のほかの章でさんざん「石はわからん」と書いているのだが、この黒曜石には興味をひかれた。

はて？　なんで黒曜石なのか。

黒曜石とは、火山が噴火して流出したマグマが冷えてかたまったガラス質の岩である。刃物のように鋭い切れ味をもつ黒曜石は、石器の材料として用いられていたのだが、この黒曜石、どこにでもあるわけではない。棚畑遺跡や尖石遺跡のある八ヶ岳周辺は黒曜石の貴重な原産地の一つであり、ここの黒曜石は、旧石器時代から東へ西へと運ばれていたのである。

縄文のビーナスが見つかった棚畑遺跡は、八ヶ岳周辺に点在する黒曜石原産地から関東に石が運ばれるルート上にある。その棚畑遺跡から黒曜石が大量に見つかっているのだ。

実はあまりに縄文のビーナスが有名なために一般的には影が薄いのだが、棚畑遺跡は黒曜石の加工集落として異彩を放った場所なのだ。なかには住居の柱の穴に黒曜石を貯めていたケースもあったという。尖石縄文考古館特別館長の守矢昌文さんは、柱の穴に黒曜石を貯めていた住居には、鏃《やじり》をつくる人が住んでいたのではないかと考えている。

黒曜石をはじめとする石器の石材は、原石か、それとも加工したときに出る屑ばかりか、見つかる状態はさまざまで、そこからその集落の特徴、たとえば、原産地からの中継地点の集落であるとか、石材を加工するための集落であるとか、石器を消費する（使う）だけの集落である、ということがわかるらしい。それに照らし合わせると、棚畑遺跡は鏃加工に秀でた集団が暮らした集落の可能性が高いというわけだ。

「キラキラと輝く女神（ビーナス）がいる集落でつくられているんだから、ほかの集落でつくられるものよりも効力があるんじゃないかといって、各地から鏃を求めて人が訪れていたんじゃないでしょうか」

さらっといい放ったのは前述した守矢さんだ。

ってことは、縄文のビーナスは「客寄せパンダ」だったってこと？　いやいや、ビーナスにあまりに申し訳ない言葉が浮かんでしまったではないか！

啞然としているわたしに、守矢さんはたたみかけるようにつづける。「縄文のビーナスは棚畑遺跡のブランドアイコンだったのではないでしょうか」

――そうきたか！

鏃加工をしている集落はほかにもある。そのなかで「やっぱり、鏃といえばキラキラ輝くビーナスの棚畑製だよね」と選ばれるため、造形的にも唯一無二のビーナスをつくりあげ、集落に神聖なイメージを与える役割を担わせたということか。そして、たとえば遠方からコハクやヒスイを携えて（コハクやヒスイも原産地が限られる貴重品だった）棚畑にやって来た人びとに対して、それに見合う貴重なもの、つまりビーナスの力が宿った透き通るように美しい黒曜石の鏃を渡したのかもしれない。棚畑ブランド、いやビーナスブランドの黒曜石の鏃は、ほかに代えることができない神秘的な道具として、各地の人びとに求められたのかもしれない。

だとするならば、ひとつ疑問が生じる。実は、棚畑遺跡以外にも、縄文のビーナスにそっくりな顔つきをした土偶の頭部が、八ヶ岳周辺の遺跡で見つかっているのだ。そっくりさんがいくつもあっては、ビーナスブランドが成り立たない。これらは一体なんなのだろう？

棚畑に足を運び、縄文のビーナスを見た人が自分のムラに帰ってつくったのだろうか。鏃の効力を補完するために。もしくは、縄文のビーナスに憧れてつくったということも考えられる。いや、もしかしたら、棚畑の人が小さな縄文のビーナスをつくって、お札《ふだ》のように

「ご利益がありますように」と、鏃とともに渡した、ということは考えられないだろうか。

そう考えると、縄文のビーナスは現実的で、非常に多くの用途を背負いながら存在していたことになる。

守矢さんの話で、「土偶は祈りの道具」という説にとらわれすぎていたということに気がついた。守矢さんがいうように縄文のビーナスが棚畑ブランドのアイコン的役割を担っていたのだとしたら、縄文人たちはなかなかのやり手である。黒曜石の加工集落として勝ち組になるための戦略を、縄文のビーナスに託したわけだ。これは、現代でいうブランディングである。それはとても現実的なおこないであり、思考だ。


わたしのなかにある縄文人像が崩れていく。


縄文人は、「勝ち負け」などという現代にはびこる価値観では生きていない、と勝手に思っていた。自分が理想とする社会像を投影していただけなのか。もし勝ち負けという価値観のために縄文のビーナスがつくられたのだとしたら、悲しすぎる。棚畑の人びとの生存戦略であり、仕方のないことだったとしてもだ。

現代人が勝手に「祈りの道具」というイメージをつくってしまっただけなのだろうか……。

それでも縄文のビーナスが、祈りの道具として多くの人の心の拠りどころになっていたと、わたし自身は考えている。重ねていうが、ツルツルの背中に、棚畑の女性たちの想いを感じる。わざわざ専用の穴を掘って埋めるほど大切にされたビーナスに「ブランドアイコン」以上に人びとが想いを寄せ、ともに生きてきた年月を想う。

わたしにとって縄文のビーナスは、人びとを癒し、支え続けた「祈りの道具」以外のなにものでもない。

もう一度、展示室に戻ってスポットライトを浴びる縄文のビーナスの前に立った。

そうか、あなたにもいろんな役割があったんだね。

あなたを深く考えることが、土偶という存在の、新たな局面を開くことになるのかもしれない。

縄文人だけでなく、現代人をも魅了しつづける縄文のビーナスは、やわらかなほほえみをたたえたまま、わたしを見送ってくれた。

所在地

◆【棚畑遺跡】　長野県茅野市米沢埴原田　＊現在は石碑のみが立ち遺跡は残っていない。

◆【茅野市尖石縄文考古館】

長野県茅野市豊平4734-132　TEL0266-76-2270

3 ゼロ距離の旧石器人
―サキタリ洞《どう》遺跡

沖縄県
旧石器時代

「旧石器時代って石ばっかりでどこがおもしろいのか、さっぱりわからない」

長いことそう思ってきた。一般人にはどうもハードルが高すぎるのである。博物館などで見かける旧石器時代の遺物は、とにかく石・石・石。訪れる人のどのくらいが石器の前で足を止めるんだろうか、と正直思ったりする。だから「旧石器時代の魅力がわからない」と常々思っていた。

その話を懇意の縄文研究者にしたところ「旧石器時代にはロマンしかない」と行間からハートマークがあふれでるような返信がきたではないか。

それ「古代はロマンだよね」と話す一般人と同じ反応じゃない？　彼は一体、旧石器時代のなににロマンを感じているのだろう。

そんな話を担当編集T氏にしたところ「では、行って見てきますか？　旧石器時代の遺跡といえば、やっぱり沖縄、サキタリ洞《どう》遺跡ですかね」と話が思わぬ方向に転がっていく。これはシメた！　実は魅力がわからないといいながらも「初心者が旧石器時代の遺跡を見るなら沖縄の遺跡だよな」と思っていた。国内で旧石器人骨が一番良い状態で見つかっているのが沖縄だからである。なので、T氏の提案に小躍りしたのはいうまでもない。

こうして意気揚々と梅雨明け直後の沖縄に乗りこむこととなった。

石器がほとんど出ない旧石器遺跡

乗りこむ前に今回の目的地であるサキタリ洞遺跡の資料に目を通すことにした。ウキウキと手に取ったのは、山崎真治著『島に生きた旧石器人　沖縄の洞穴遺跡と人骨化石』（新泉社）。そこには教科書に必ず登場する旧石器人骨の「港川人」と、港川人が見つかった港川遺跡についての記述があった。

サキタリ洞遺跡と港川遺跡は、沖縄県南部を流れる雄樋川《ゆうひ》のほど近くにあり、サキタリ洞は、港川遺跡から約1・5キロ上流にある玉泉洞《ぎょくせんどう》ケイブシステムという洞穴群の一角にある。サキタリ洞は東西に口が開いた貫通型の洞穴で、なかにはカフェがあり、つららのように垂れ下がる鍾乳石を見ながらコーヒーが飲めるらしいのだが…なんと、このカフェこそがサキタリ洞遺跡だというのだ。

え？　遺跡でコーヒーが飲めるってどういうことですか？　と、資料を読み進めると、洞穴を所有する企業（洞穴も土地だから所有者がいるのは当たり前なのだが、かなり驚いてしまった）の関係者が、洞穴付近で土器や石器を拾ったことをきっかけに遺跡の調査が始まったという。とはいえ、あくまで企業所有の洞穴内にあるため、発掘している横で観光客（サキタリ洞の見学には「ガンガラーの谷」のガイドツアーへの参加が必要）がコーヒーを飲むというカオスな空間となった、という顛末らしい。なんということ！

そんなサキタリ洞遺跡には、いまからおよそ4万年前以降の地層が堆積していて、1万6000〜1万4000年前の地層から石英製の石器3点と貝製のビーズ、2万3000〜2万年前の地層からはモクズガニの爪や巻貝が大量に見つかり、ほかに幼児の人骨と沖縄固有のリュウキュウジカの下顎の骨が見つかった。石器、人骨、動物骨という旧石器遺跡にとって大切な三つの要素が見つかった稀有な遺跡だという。ふむふむ、なるほど……。

ちょっと待て。この遺跡から見つかった石器は、たった3点だけなの？　旧石器時代の遺跡だよね？　旧石器時代の道具といえば石器。それなのに3点しか見つかっていないってどういうこと？

とにかく遺跡を見てみよう。話はそれからだ。

「わたしの食べカス、見ないでくれる？」

梅雨明け直後の那覇空港に降り立ち、啞然とした。沖縄に来るのは実に28年ぶりで、那覇空港がまったく違う空港になっていた。きれいさもさることながら、免税店までできているではないか。地理的に、台湾をはじめとするアジアの人が多く訪れているからだろうか。そんなことを思いながら空港から市街地へとつづくモノレール「ゆいレール」に乗って宿に向かう。ゆいレールから見る風景はわたしが慣れ親しんだ街並みとはまったく違っていて、コンクリートの四角い家や大きな植物がベランダに鎮座する南国風なマンションが立ち並ぶ。「どっちかというと台湾の街並みに似ている」と、目の前を流れていく景色を興味深く眺めた。

翌日、沖縄県立博物館・美術館で、同館主任学芸員でありサキタリ洞遺跡を発掘している山崎真治さん（わたしが資料として読んだ本の著者でもある）と待ち合わせをして、発掘現場に連れていってもらった。ちなみに、巻貝製釣針などサキタリ洞の出土品（レプリカ）は、沖縄県立博物館・美術館で常設展示されているそうだ。この日は、ちょうど休館日と重なってしまって展示は見られず、直接、遺跡に向かうことになった。

山崎さんが運転する車は市街地を抜け、サトウキビ畑のなかを南へ向けて走りつづける。

その車中で気になることをいろいろと聞いてみることにした。

譽田「縄文時代の本では、海外の遺跡、それも東アジアの話なんかはふれられることがほぼないので、山崎さんの本は新鮮でした」

山崎「そうでしたか。たしかに縄文時代ではないかもしれませんが、旧石器時代や人類学をやっていると人類の大きな動きを捉えることがあるので、視点が広くなるのはふつうのことです。特に沖縄の旧石器に関しては、東アジアの人類の動きも重要になってきますからね」

山崎さんは考古学的な視点と人類学的な視点の両方をもって、沖縄の旧石器時代の人びとのありようを解明しようとしていた。目の前にある遺跡は人類活動のどういうポイントに位置づけられるのかという、少なくともわたしとは違う視点から遺跡を見ているのだとしたら、旧石器時代研究に対するイメージがまったく変わってくる。

わたしは単に沖縄に暮らした旧石器人の痕跡だけを追い求めているのだと思っていた。実際にはもっと俯瞰的に大きな人類移動のなかでの沖縄旧石器人の立ち位置を見極め、研究がおこなわれていることに、目から鱗が落ちる思いがした。人間という存在を知りたいと常々思っているわたしにとって、ここにきて旧石器時代が俄然おもしろくなってきた。

譽田「あと、ちょっと驚いたんですが、サキタリ洞遺跡では石器が3点しか見つかっていないと。旧石器時代なのに」
山崎「そうなんです。もともとサキタリ洞遺跡があるあたりは、材料に適した石がないんです。そのため、石器がつくりにくいということがあります」
譽田「そんなに石器をつくっていなかったということですか⁉」
山崎「そういうことになりますね。たしかに、動物を狩って食料にするとなると石器が必要になりますが、沖縄では狩りをするよりも、周辺の海や川の生き物を獲って食料にするほうが、安全で手っ取り早いんですよ。それで食料獲得ができるわけですから、技術が必要な石器をつくって狩りをするより効率的だったんじゃないでしょうか」

なるほど、そういうことか。いまでも波打ち際までカラフルな魚が寄ってくるんだから、旧石器時代だって同じような状況にあったはずだ。足元をちょろちょろ泳ぐ魚をヒョイッと捕まえればすぐごはんにありつける。わたしがここに住んでいたとしても、きっとそうしていただろう。

旧石器時代といっても石器をつくって狩りばっかりしてたわけじゃないんだな。

そんな話をしているうちに、車はガンガラーの谷に到着した。資料には、洞穴は東西に口が開いていると書いてあったが、その東側の入口へ向かう。大きな開口部を取り囲むように南国独特な植物が繁茂していた。

　おおおお…！　なんか知らんが胸が高鳴る。

　ゆるやかな坂をくだり、洞穴のなかへ。頭上には天然のオブジェである鍾乳石がユニークな形をして垂れ下がり、その下に設けられたカフェスペースは、屋外のような屋内のような不思議議な雰囲気できらいじゃない。そこを抜けてブルーシートに覆われた調査区画を見学させてもらった。西側の開口部が近くにあるとはいえ、洞穴の一番奥にあるため湿気がすごくてメガネがすぐに曇ってしまう。

　投光器に照らされた地層は、茶色、黄土色、黒色と何層かに分かれていた。地層の色が違うのは土質の違いであり、その違いが時期の違いにつながるので、地層は考古学では重要なのだ。土質を漏らさず観察し、層単位で掘り下げていくのだという。

「こんださん、下の方の黒い層が見えますか？　あそこでおよそ2万年前の層になります」と、山崎さんが指さした。地表からはるか下にうっすらと帯状の黒い土が見えた。ところどころに白いもの（なにかはわからなかった）も見える。

「炭化物が堆積して黒くなっているんですが、そこから大量のモクズガニの爪や赤く彩色された貝ビーズが見つかっています」と、山崎さんが見せてくれたのは、大きなモクズガニの爪。「持ってみますか」といわれて手を出す。スカスカして心もとないかと思ったが、意外にかたくて、しっかりとした感触があって驚く。

2万年前の見知らぬだれかが食べたカニの爪が、わたしの手のひらにある。手が震えた。思いがけず心も震える。

でも冷静に考えると、これ、食べかすなわけだ。それをこんなにありがたがっている2万年後のわたし。旧石器人が見たら「ちょっとそれ、わたしの食べかすだわ。そんなにジロジロ見ないでよ。ただの食べかすなんだから」なんて困惑気味にいうのかもしれない。

たかが食べかす、されど食べかす。爪が残ったことで彼らの食生活や行動が見えるのだ。ありがたいではないか。

そして、わたしが次に気になったのは、貝ビーズも見つかっているということだ。

「貝ビーズは装身具ですか？　彼らはなんでそういうものを身につけたと思います？」という私の問いに山崎さんは少し考えてから「赤く彩色されていることを考えても、美しいものを身につけたいと思ったんじゃないでしょうか。それは人間の根源的な欲求なのだと思います」という言葉にわたしもうなずく。

ここの貝ビーズは2万3000年前のものだが、海外だともっと古いものも見つかっているそうだ。人間、つまりホモ・サピエンスのなかには、美しいものへの憧れとそれを身につけたいという原始的な、根源的な欲求があるのだと思う。いまのようにモノにあふれた世界ではないからこそ、美しいものを手づくりし身につけたいと、より強く思ったのかもしれない。美しいものを身につけることは、心を高揚させる。アクセサリー好きなわたしとしては、その気持ちが痛いほどわかった。

旧石器時代っておもしろい……かも

「ちょっと川を見てみましょうか」という山崎さんの声に促され、洞穴を出て、裏側に広がる森へと歩き出した。開口しているとはいえ、洞穴内はやっぱり息が詰まる。開放感ある場所が恋しくなっていた。

洞穴に入った時とは反対側、西の入口を出ると目の前には大きな葉っぱの植物やシダ類を思わせる亜熱帯の植物で構成された、見慣れない森が広がっていた。あたたかな雰囲気の森で、鬱蒼としたジャングルという感じはしない。

開口部から川へとつづく階段をくだっていく。

譽田「当時も同じような植生だったんでしょうか?」

山崎「当時は氷河期ですから、もう少し気温も低くて植生も違っていたでしょうね。いまの九州ぐらいの気候で、場合によっては冬には雪が降ることもあったかもしれません」

譽田「ええ！　沖縄に雪ですか⁉」

なんと、びっくりである。旧石器時代の沖縄では雪が降っていた可能性があるのか。

山崎「彼らは、秋になると、雄樋川をのぼってくるカニの大群を獲って洞穴のなかで食べていました。少し前まで同じようにカニを獲っていたといいますから、旧石器時代と同じことがおこなわれていたことになります」

譽田「サキタリ洞はカニを食べるためのキャンプ地だったということでしょうか」

山崎「その可能性が高いです。あの湿気では暮らせないですよね」

ごもっとも。洞穴に入ったとたんに曇ったメガネを思い出した。

旧石器人たちの様子を思い浮かべる。

秋の夜にワラワラとやって来るカニの大群を待ちかまえる彼ら。きっと周辺から何人も来ていたはず。おとなも子どもも1年に一度のお楽しみだったのではないか。わたしもモクズガニを食べたことがあるが、味が濃厚でおいしい。彼らはそれをボイルしていたようだから、よりおいしく食べる方法を知っていたことになる。甲殻類は少し熱を入れたほうが甘みと旨みが凝縮されるのだ。キャッキャいいながら笑顔で腹いっぱいにモクズガニを食べる彼らの姿が目に浮かぶ。

サキタリ洞からは世界最古の巻貝製の釣針も見つかっている。きっとこの川で、魚も釣って食べていたのだろう。

ここで当たり前のことに改めて気がつく。現代人となんら変わらない人間の営み。食料を確保して、おいしくなるように調理して食べる。ただ、それだけ。

サキタリ洞遺跡に来てみて、旧石器時代の魅力は、博物館に並べられている石器を見ているだけでは、初心者にはわからないとつくづく思った。石器だけではどうにも彼らの暮らしがイメージしにくい。しかし食料を獲得した場所を見て、彼らがそれを洞穴に運んで、調理して、食べた、一連の動きを現地に立ってリアルに感じることで、頭のなかでぼんやりとしていた旧石器人たちが、にわかに色を帯びて動き出すのだ。

彼らの秋のお楽しみを想像し、彼らがつくった美しい貝の装飾品や精巧な貝製の釣針を見ると、2万年も時を隔てた彼らの存在がとても近しいものになる。

常に食糧となる大型動物を追い求めてギラギラとした人たち。わたしの頭のなかの旧石器人はこんなふうなのだが、サキタリ洞の旧石器人は、穏やかで暮らしを楽しむ心をもった隣人のような気がしてくる。

たとえば縄文時代のように、派手な遺物はなにひとつないけれど、旧石器時代は十分魅力的だ。暮らしに彩りもなく、生き抜くために狩りをしつづけるストイックな時代かと思っていたが、そうではないのかもしれない。サキタリ洞の旧石器人のように、美しい装身具を手づくりして身につけ、旬の食材を食べ、眠る。シンプルに、生きることにまっすぐに向かっていく旧石器時代の人たち。憧れと「どれだけ時代が進んでも、基本、人間の営みは変わらない」ということを感じずにはいられない。

「ロマンしかない」といった縄文研究者の真意はわからないけれど、根源的な人間の欲求と営みの痕跡が残る旧石器時代の遺跡は、人間が生きるための基本的なことを改めて教えてくれた。

そう。旧石器人もわたしも基本は同じなのだ。

サキタリ洞遺跡は旧石器時代初心者にはうってつけの遺跡である。ガイドツアーに参加して旧石器人よろしくカフェでくつろげば、あっという間に旧石器時代に飛んでいけること請け合いである。それくらい、この遺跡は旧石器時代を生きた人たちに近づけるのだ。

所在地

◆【サキタリ洞遺跡（ガンガラーの谷）】
沖縄県南城市玉城字前川202　TEL098-948-4192
＊ガイドツアー以外での立入り不可。

◆【沖縄県立博物館・美術館】
沖縄県那覇市おもろまち3-1-1　TEL098-941-8200（代表）

4 ああ、ジブリ。
―荒《こう》神《じん》谷《だに》遺跡

島根県
弥生時代

弥生時代の遺跡に行くならどこがいいかなと考えた時に候補にあがったのが、島根県の荒《こう》神谷《じんだに》遺跡である。

島根県にあるのか。なんだろう、この心理的障壁は。飛行機に乗ってしまえばなんてことはないのだけれど、えらく遠く感じてしまう。ところが、そんな心理的障壁を乗り越えてしまうくらい青銅器がわんさか見つかった遺跡らしい。しかも、なんで山のなかに埋められていたのか、わからないのだという。

そうか、それはおもしろいではないか。

青銅器には正直あまり興味がないけれど、大量に見つかった遺跡となると謎のにおいに満ち満ちている。

というわけで、島根県出雲市斐川《ひかわ》町神庭《かんば》という、いかにもなにかありそうな地名に存在する荒神谷遺跡に行くことにした。

荒神谷遺跡発掘ドキュメント

荒神谷遺跡に到着したのは、もうすぐ夕暮れにさしかかるという頃。足を運んだのは12月の初旬で、その時期ともなると夕暮れどきは冷えこむ。特に谷間で日差しが少ないこの場所だと、けっこう寒い。もう少し早い時間に来るべきだったなと思いながら、遺跡に隣接する荒神谷博物館をまずは見学することにした。

小さな谷間にある博物館だし、古風な感じなんじゃないかと思っていたら、建物は非常にきれいで明るく、こざっぱりとしている。ミュージアムショップは、書籍をはじめ、ハスのお茶など食べ物系のおみやげも充実していて驚いてしまった。

なにより常設展示がかなり充実していて、テンションが上がる。その筆頭が「荒神谷遺跡発掘ドキュメント」だ。荒神谷遺跡の発掘調査を紹介する映像展示である。

青銅器が埋められていた山の斜面に果敢に挑む調査の様子に、胸が熱くなった。

遺跡を必要以上に破壊してはならない。調査員たちは遺跡に渡された板に這いつくばって慎重に発掘にあたる。「板に這いつくばって掘る」と、いうだけなら簡単だが、そもそも長い時間腹ばいになっているだけでも身体的にはきつい。そのうえ、その状態で道具を手に、細心の注意を払いながら遺物に積もる土を取り除いていかねばならない。しかも傾斜地にある遺跡だ。平地よりも何倍も体力を消耗する。調査員の苦労は大きかったのではないか。

　ああ、なんという情熱。

　わたしは遺跡も好きだが、もっと好きなのは発掘現場である。関係者でもない限り、なかなか発掘作業を見る機会はないのだが、かわりに調査風景の写真や映像を見るのが本当に好きなのだ。特に昔の現場となるとたまらない。なんというか、バンカラな雰囲気とともに日焼けした調査員の面々のたくましさと高揚感が、発掘の魅力を物語っている気がするのである。

　なので、荒神谷遺跡発掘ドキュメントも食い入るように見てしまい、どんどん時間がおしてしまった。いかん、いかん。先に進まねば。

　館内には青銅器の出土状況を再現した展示もあったが、それは現地を見て確かめることとしてさらっと通過。

　あれ、なんかおもしろそうなコーナーがある。

　近寄ってみると、荒神谷遺跡の青銅器を埋めたと想定される人びとの暮らしがジオラマになっていた。時間の経過とともにジオラマ内の照明が変わるという仕掛けに、ニヤリとする。これ、ほかの施設でもやってほしい。照明の明るさや色あいが変わるだけで、弥生人の１日を体験しているような気持ちにさせられた。

そして見落としてはならないのが、見つかった銅剣のレプリカを〝持てる〟展示。これがずしりと重い。

むむ、なかなかの重量感。

男性が持つなら大丈夫かもしれないが、女性が持とうとしたら両手でないと持てない代物だった。

この施設に限ったことではないが、ふれたり手に取ることのできる展示があれば必ず試している。たとえば、見た目よりも重い、軽いという身体に伴う体験は、単純なように思えて実は心に残る。道具であれば、当時の人の大変さがイメージしやすくなるのでオススメだ。

謎

そもそも荒神谷遺跡とはどんな遺跡なのだろう。

遺跡発見のきっかけは、農道の建設に先立っておこなわれた遺跡分布調査中に、調査員の一人が畦道で一片の須恵器《すえき》を見つけたことによる。

その調査員でかした！

みんなが思ったことだろう。それをきっかけに、畦道から谷の斜面に調査が広がったことに感心してしまう。

そうして昭和59年（１９８４）、小さな谷間の標高22メートル、南向き斜面から銅剣がミルフィーユのようにきれいな層をなした状態で見つかったのである。

その数３５８本。

それまでに全国で見つかった銅剣の総数が３００本余りだったところにきて、１箇所で３５８本という大発見である。こうして荒神谷遺跡は、弥生時代の青銅器研究のエポックメイキング的遺跡となった。

話はこれで終わらない。翌年の昭和60年（１９８５）、銅剣発見場所から7メートル離れた場所で、今度は銅鐸《どうたく》６個と銅矛《どうほこ》16本が見つかったのだ。

考古学者によると銅鐸も銅矛も儀礼で使われた道具だという。銅鐸は鐘のように鳴らして、金属特有の「キーン」という高く響き渡る音によって神さまを呼び、銅剣や銅矛は悪霊を祓うための道具だったのだそうだ。

そんな特殊な品々がバンバン見つかってしまった発掘現場は、半狂乱になったのではないだろうか。自分たちが掘っている遺跡が研究を大きく塗り替える可能性がある、と心躍ったことだろう。わたしがその場にいたならば、間違いなく興奮して、鼻息荒く発掘に挑んでいたと思う。

銅剣は出雲の地で製作された可能性が高く、製作年代は紀元前2世紀末〜紀元前1世紀、埋められたのは紀元前後から紀元後1世紀と推定されているという。
ここまではいい。問題は集落の影がないことである。つまり青銅器が谷間の山の斜面に埋められていたことはわかったけれど、だれが、なんのために埋めたのかが、まったくわからないというのだ。

ああ、この謎を待っていた。

ここで実際の遺跡を見ながら考えてみることにした。

美しい遺跡

博物館を出ると陽がかげりだしていた。右手にハスの水田を見ながらゆるやかな登り坂を急いで上がる。道の先には小高い見晴台があり、そこから山の斜面にある遺跡の様子を見ることができた。銅剣や銅鐸のレプリカが埋められた、発掘当時の再現である。

ああ、なんてかっこいいんだ……。

遺跡が見えるようにまわりの木々は整備され、開けていた。そして当の遺跡は長年の風雨にさらされ、苔むしていた。

緑の苔に埋没する銅剣と銅鐸、そして銅矛たち。

管理者側としては「見てほしくない」状況かもしれないが、わたしにとってはこれほど美しい遺跡があるだろうかと感動した。

まるでジブリの世界のようではないか。

いまでこそくすんだ青緑色をしているけれど、青銅器たちはつくられた当時、黄金にひかり輝いていたはずだ。弥生人たちはそれを惜しげもなく、いや、いろんな想いをもって土をかぶせ、大地に埋めた。

再現とはいえ、宝を守るかのように苔が広がる様は本当に美しい。

遺跡が生きている。

そんな印象すら与えるその様子は、どんなに見ても見飽きることがない。考えたら、銅剣を埋めた弥生時代も、植物によって周囲は覆われていてはずだ。地面を剝いで露出させたま ま、なんてことは考えにくい。だとしたら、いま、わたしの目の前に広がる光景は、木々の有無はあるけれど、当時の状況に近かったのではないか。

そんなことを思いながら、埋められた品々をじっと見つめた。

しかし、よくもまあ、こんな斜面にわざわざ埋めたもんだと感心してしまう。それもビッチビチにきれいに並べて。

博物館でレプリカの銅剣を持った感じだと、女性は埋める作業に携わっていないのではないか。できないこともないだろうが、落としてしまったら大変である。銅剣をさわることができた、ある程度の身分の人が埋めたと考えるべきか。いや、銅剣が出雲でつくられたのだとしたら、扱いに慣れた職人たちが、上の人間の指示に従って埋めていた可能性もある。ちょっと待て。ここに埋められたのは、銅剣だけではなかった。となりに銅鐸も銅矛も埋められていたではないか。

この状況は一体なにを示しているのだろう。

「ここに納めます」

いつまでもジブリ感あふれる遺跡を見ていたいところではあるが、いよいよ陽はかげり、寒くなってきたので博物館まで戻ることにした。のぼってきた道を今度はゆっくりとくだりながら、あれこれ考える。

ここは出雲である。出雲の地に、あれほどまでの青銅器を所有することができた人物がいたということにまずは驚く。

というのも、当時、大陸との交流の窓口は北部九州だったらしい。大陸からもちこまれた金属器の原材料は、北部九州を通って本州へと渡る。それらはだれでも扱えるものではなく、力のある支配者が掌握し、己の力を誇示する道具としても使っていたとわたしは考えている。

そんな貴重な原材料でつくられた金属器が、北部九州ではなく出雲の地で大量に見つかるなんて、素人のわたしでも驚くわけだが、そこが先史時代の魅力でもある。こうしたひとつの発見で、それまで考えられていたことがひっくり返るのだ。まさに、荒神谷遺跡はそんな遺跡だ。

ではなぜ、大地に埋める必要があったのだろうか。それもあんなに大量に。荒神谷博物館の展示ガイドブックによればこんな説があるという。

1 祭祀説　雨乞い、収穫、地鎮など豊穣の祈りを大地に捧げる祭祀
2 保管説　マツリの儀礼のときに取り出して使用するため、普段は土中に保管した
3 隠匿説　大切な宝である青銅器を、外部者から奪われないように隠した
4 廃棄説　時代の変化により青銅器が不要になったため廃棄された
5 境界埋納説　共同体間の抗争の緊張から生まれた境界意識の反映

うーん、2はない気がする。土のなかに保管する意味がない。それに、いちいち掘り出すのが面倒だ。3はわからないでもないが、隠すのが目的であれば、あんなにきれいに銅剣を並べる必要がどこにあったのだろう。4、これも3と同様。廃棄とはいえ、儀礼の道具に礼を尽くすために並べたというのはわからなくもないが、それにしても手間をかけすぎな気がする。残るは1と5である。

実は銅剣にはバツ印が刻まれたものが348本ある。また、銅剣ではないが、同じくバツ印が刻まれた銅鐸が、荒神谷遺跡から山一つ隔てた加茂岩倉《かもいわくら》遺跡から見つかっていて、この発見から5の説が浮上したのだと思われる。たしかにこの近さなら一つの共同体であっただろうし、

5の理由もさもありなんである。

しかし、わたしは1を推したい。そうであってほしいという願いを込めて。シャーマンの指示に従って、銅剣職人たちが一本一本ていねいに並べていく。自分たちがつくった宝を、さまざまな祈願のために大地に返す。

金属は大地から生まれたものである。だから再び、人びとの願いとともに大地に返した（埋めた）のではないだろうか。

一片の土器片によって偶然にも見つかった荒神谷遺跡は、それまでずっと谷の自然が大切に守ってきた遺跡だ。もしかしたら見つからなかった方が良かったんじゃないか、などという思いも浮かぶ。とはいえ、日本列島に暮らした弥生人が何かを想い、残した証なのだから、こうして当時を想像するだけでも彼らに心を寄せることになる。

それって埋めた人たちも少しは喜んでくれるかも。

美しい遺跡を思い出しながらひとり思うのである。

所在地

◆【荒神谷遺跡（荒神谷博物館）】
島根県出雲市斐川町神庭873-8　TEL0853-72-9044
＊出土した青銅器の実物は島根県立古代出雲歴史博物館で常設展示。

5 古墳の〝くびれ〟はかわいいか？

——保渡田《ほどた》古墳群

群馬県
古墳時代

わたしの苗字「譽田」は古墳の名前である。

古墳好きならご存じの人も多いことだろう。その古墳は大阪府羽曳野《はびきの》市にある古市《ふるいち》古墳群の一つで「誉田《こんだ》御廟山《ごびょうやま》古墳」またの名を「応神《おうじん》天皇陵」といい、百舌鳥《もず》・古市古墳群として世界遺産にも認定された。

大げさにいえば、由緒正しそうな名前を背負ってわたしは生きている。

自分の名前が古墳と同じ、それも天皇陵と推定されている古墳だと知り、「あ、近寄ってはいけない世界だな」と思った。だからなのか、古墳からは一定の距離を置いてきた。「古墳ガール」などというフレーズがあちこちで見られるようになっても、素知らぬふりをしてきた。古墳の研究者に「その名前なのに、なんで古墳のことをやらないの？」といわれても、苦笑いでのらりくらりと距離をとりつづけた。

いや、名前だけの問題ではない。そもそも「古墳」という〝ひとさまの大きなお墓〟に、興味がもてなかったのである。

お墓を「かわいい」と連呼する古墳ガールたちの気持ちが、皆目理解できなかった。

古墳のどこがかわいいのか。百歩譲って、丸っこくてこんもりと木が繁っている様は、たしかに気持ちがほっこりする。けれど、ひとさまのお墓であるぞ。それをかわいいとは。

いや、かくいうわたしも土偶を「かわいい」と連呼し、「土偶のどこがかわいいの?」と研究者たちにいわれつづけているので、同じ穴のムジナ。人というのは不思議なものである。

そんな状況をくぐり抜けて古墳の本を書いたわけだが(『知られざる古墳ライフ』誠文堂新光社)、やっぱり古墳の見方がわからない。いや、楽しみ方というほうがしっくりくるか。

そして、ふと、思いついた。

古墳好きの友達に古墳愛を語ってもらいながら一緒に古墳を見たら、なにかわかるかもしれない。

こうして、群馬県高崎市にある保渡田《ほどた》古墳群に行くことになったのである。

初日の出は墳頂から

6月某日。「当日は30度超えですから、くれぐれも熱中症にならないように帽子と水分をちゃんと持っていってくださいね」と、留守番の担当編集T氏に何度もいわれ、万端の準備を整えて家を出た。古墳に限らず、遺跡のなかには近くに休憩スポットがないことが多い。遺跡めぐりの準備は入念にしていくことが必要である。

ＪＲ高崎駅西口のバス乗り場から市内循環バス「ぐるりん」に乗り、遺跡最寄りの「井出町西」バス停で降りるルートで旅は始まった。

目的地である保渡田古墳群には何度か足を運んでいるが、バスで向かうのは初めてのこと。バスは、車で行くのとは違ったルートを通り、新鮮だ。なんだか気分が上がる。旅っぽさが強いのだ。

一番後ろの席に二人で陣取り、40分ほどの道中は古墳レクチャーをしてもらうことにした。今回同行してくれた岡﨑瑠美さんは、ふだんは博物館で事務員として働いていて、古墳を見にいったりイベントに参加するという古墳に関する活動、いわゆる「墳活」は、おもに休みの日にしているそうだ。ＳＮＳでの情報収集と実際に訪れた古墳や博物館などを紹介する活動も精力的におこなっている。

そんな岡﨑さんが古墳の魅力に気がついたのは26歳のとき。テレビで見た保渡田古墳群の一つ、八幡塚《はちまんづか》古墳に興味をもち、実際に見にいってその大きさに衝撃を受けた。

「１５００年前にこんな大きなものをつくって、なおかつ、埴輪も葺石《ふきいし》（古墳に葺かれた石のこと）もすごいと思ったんです」

そもそも岡﨑さんは群馬県出身である。群馬といえば古墳好きのあいだでは「埴輪王国」

として名高い。群馬県人なら誰でも知っているご当地かるた「上毛《じょうもう》かるた」にもしっかりと古墳は登場する。

しのぶ毛の国二子塚

群馬県人は、子どもの頃から古墳や埴輪を地域の宝として教えこまれているのだ。

「中学生の時に制服のスカートの下にジャージを履くことを埴輪スタイルとよんでました」

このスタイルは群馬に限らず中学生にはよくある着こなし。しかしそれを「埴輪スタイル」と命名するあたりに群馬県民の埴輪愛、古墳ポテンシャルを感じずにはいられない。おそるべし、群馬県民。

とはいえ、岡﨑さんはその頃はさほど古墳に興味をもたなかったようだ。当たり前すぎてその価値がわからないというのは、文化財あるあるである。

時を経てすっかり古墳の虜になった彼女。

「実は過去に3～4回、八幡塚古墳で初日の出を見てるんです」

さらっと話す岡﨑さんとは対照的にわたしの目が点になる。

――古墳で初日の出？

「ここで初日の出を見た年は良いことが多い気がするんですよ。逆に見ない年は悪いことがあるような気がしていて」

ふつうは古墳で初日の出は拝まない。が、群馬の人にとっては特段珍しいことではないようだ。彼女以外にも八幡塚古墳の上には初日の出を見ようと50人は集まるのだ、と聞いて驚いてしまった。

ほかに高いところはないのか、群馬。

というか、古墳がつくられた場所というのは、そもそも見晴らしが良いのだと思う。それに加えて群馬の人にとって古墳は大切で神聖な場所なのかもしれない。富士山山頂から初日の出を拝むのと八幡塚古墳の上から拝むというのは、きっと同じなのである。想像だけれど。

バスは街中を抜け、細い道がつづく住宅街を走り、ローカルな雰囲気漂う場所を進んでいく。車窓には黄金色になった収穫間近の小麦が波打つように揺れていた。

ここでずっと気になっていたことをぶつけることにした。

「瑠美ちゃん、わたしにはどうしても古墳がかわいいと思えないのよ」

そう、古墳はかわいいのか問題である。

「くびれがかわいいとかいうやん。まったくわからんのだが」と、古墳好きの岡崎さんに対してずいぶんと不躾なことをきいてしまった。

「くびれの角度の違いでかわいいってやつですよね」と即答する岡崎さん。

「え？　角度の違いがかわいいの？」

「はい、その違いがかわいいってことです」

ぽかんとしてしまうわたし。さっぱりわからない。かわいいというか、それぞれに「推し角度」があるということなのだろうか。

「わたしはキュッとくびれてる古墳が好きです」

うーん、古墳の楽しみ方はどうやら思った以上に奥深いのかもしれない。

墳頂から眺める景色

「こんださん！　あそこに古墳が見えますよ」

車窓を流れる畑や田んぼのはるか遠くにチラチラと見え隠れする古墳を、うれしそうに指さす岡崎さん。

ああ、もうあなたの心はここにないのね。

そんな彼女をわたしはまぶしく眺めた。好きなことに一心に向かっていく姿はまわりの人も幸せにする。いまの彼女はまさにそんな感じ。

気がつけばバスが高崎駅を出発して30分が経過。乗客はわたしたち二人だけになっていた。

「だいたい1週間に1回ぐらいは古墳に会いにいっていいます。しばらく行けていないと「こ、古墳が足りない」って古墳切れを起こすんです」

それもう中毒だよね。とても健全な古墳中毒。

と、心のなかでツッコミながら「それすごいな」とだけ返事をする。

彼女は古墳に行くことでエネルギーチャージをしているわけだが、彼女の「墳友（古墳好きの友達をそう呼ぶ）」たちも、日々の暮らしのなかで擦り減った心を古墳に行くことで癒し、「明日からもがんばろう」と活力剤にしているという。

岡﨑さんの墳友には、石室（遺体を埋葬した施設）に入ることが好きな人や、石室の石の積み方に興味がある人、自治体も把握していない秘された古墳を見つけ出し「ここにあります」と新発見を報告することに熱をあげている人、鬱蒼とした藪のなかを進み、道なき道を分け入ってなんとか古墳にたどり着いた時の達成感が病みつきの人（冒険型と勝手に命名）など、さまざまな人がいる。古墳好きといっても、いろんなタイプがあることに驚くばかりだ。

古墳好きはおもしろい、とひとり感心しているうちに、バスは井出町西バス停に停車。そこから10分ほど民家のあいだを歩いて、保渡田古墳群に到着した。

ここは井出二子山《いでふたごやま》古墳、八幡塚古墳、薬師塚《やくしづか》古墳の三つからなる古墳群だ。榛名山《はるなさん》の東南麓を治めた東日本有数の豪族たちが眠る墓だという。いずれも全長約100メートルの前方後円墳で、墳丘の外側には2重の濠をめぐらせ、多くの埴輪が立てられていたらしい。5世紀後半~6世紀の初めにかけて順々につくられたそうで、この間、有力豪族が安定的に治世をおこなっていたことが容易に想像できる。そうでなければ、とてもじゃないが、人手や資材の調達が大変な古墳づくりという大土木工事などできるはずがない。

古墳めぐりのベストシーズンは、虫がおらず下草が枯れ始める秋から冬にかけてなのだそうだ。6月は、決してベストシーズンとはいえないが、ギリギリのタイミングだった。

保渡田古墳群のうち、八幡塚古墳と井出二子山古墳は整備されている。なかでも八幡塚古墳は、びっしりと葺石を敷き、墳丘の裾に巫女や武人などの復元埴輪列がズラッと並び、岡崎さんが心を奪われたのも納得の威容を誇る。また、築造当時、古墳の周囲には円筒埴輪がぐるりと並べられ、邪悪なものから守るための垣根、つまり「結界」としての役目を果たしていたのだが、その円筒埴輪列も復元されていた。

お墓としては、いたれり尽くせりである。

長年の風雨に耐えてできた黒ずみが、逆に年季が入った感じで好感がもてた。個人的に、あまりピカピカした遺跡復元を好まない。なんというか興醒めしてしまうのだ。

たしかに、つくられた当時は葺石によって白く輝いていたのだろう。だが、そんな古墳の輝きはいつかは鈍る。築造から年月が経っても、それでも地域のシンボルとして存在しつづけたであろう古墳は、一体どんな姿だったのか。復元古墳の黒ずみなどは、そんなかつての古墳の姿を、いい塩梅に想像させてくれる。

復元整備された墳丘には階段がついていて、被葬者が埋葬されていた円墳の頂《いただき》まで上がることができる。前方後円墳の「後円」部である。

「瑠美ちゃん、方形部分から円形部分にかけての角度がいやに急じゃない？」

足を滑らさんばかりにおぼつかない足どりで古墳の上を歩くわたし。

「つくられた時期によって、この角度も違うんです」

余裕の足どりでのぼっていく岡﨑さん。

なるほど、古墳の上を歩くとそんなことも体感できるのか。わたしとしては、ひとさまのお墓だからのぼるのはあまり気が進まないのだけれど、そういう感じ方もあるなら被葬者もわかってくれるはずである。


墳頂からは、はるか彼方に榛名山が見えた。


その榛名山の2度の噴火によって、周囲の集落はあっという間に灰に埋まってしまったけれど、この地を治めた豪族は、きっと榛名山に心を寄せながら治世にあたっていたのではないだろうか。

いい景色だな、と周囲を見渡していると「墳友のなかには、古墳にのぼり、その上で「民よ」といいながら首長になったつもりで、当時を想像する人がいます」といわれた。

「それはわかるわ。わたし、やりそう」と二人で笑いあった。

いまでは「ごっこ」だけれど、もしかしたら首長は古墳が無事に完成したことへのねぎらいの言葉を、ここから民に語りかけていたのではないだろうか。

わたしと古墳

遺跡に足を運ぶ醍醐味は、なぜその場所に彼らは生きた痕跡を残したか、を体感することにあると思っている。集落でも祭祀の場でも、今回のように古墳でも、だ。わかりやすい痕跡が残っているかどうかは問題ではない。当時の人が「この場所を選んだ」という意志が確実に残されているのが、遺跡がそこにある、ということなのだ。古墳時代でいえば、その際たるものが有力者の墓である古墳ということになる。

古墳は当時からさまざまな役割を担っていた。首長の偉大さを後世に伝えるための埴輪をつくったり、古墳を巨大化することで権力を誇示したり。〝大きさ〟というものは、その地で暮らす民にもわかりやすかったのではないか。「おれらは、あんなでっかい古墳に埋葬されるような王さまのもとで暮らしている」という誇りにもつながったことだろう。

一方で、ほかの地域の豪族たちに、我が力の大きさを見せつける役割もあった。いずれにしても、古墳時代に生きた人びとにとって、いろんな意味で古墳は心の支えであったと想像する。

その古墳が、いまでは現代人の心の支えになっていることが、非常に興味深い。古墳めぐりをすることで人生が変わったという人もいるし、岡﨑さんのように古墳に励まされ、それを守っていこうとボランティア活動を始めた人もいる。誰も彼もいま生きている人生の大きなきっかけを、古墳に与えられたことになる。そう考えると、古墳は被葬者のためだけでなく、残された古墳時代の人びと、そして現代人にとっても日々を生きるための大切な装置になっているのではないかとつくづく思った。

古墳への愛着、愛情が、時空を超えて人びとの心に生きるエネルギーの炎を灯しているなんて、被葬者も驚いていることだろう。そして喜んでいるんじゃないかな、とも思う。

そういう意味では、わたしにとって誉田御廟山古墳は心の支えになっている。名に恥じないように生きなければと実は思っているし、誇りにも思っている。なんかあったら助けてね、とも思っているが。そういう存在が心のなかにあるというのは、強くなれる気がする。

結局のところ、古墳好きの岡崎さんと旅しても「古墳かわいい！」とはついぞ思えなかった（瑠美ちゃん、ごめん！）。けれど、古墳の楽しみ方は千差万別、いろいろあっていいし、それを皆が許容しているおおらかさが、古墳ファンの多さにつながっているのだろう。

せっかくの機会だし、久しぶりにわたしの誉田御廟山古墳にご挨拶しにいこうかな、と思っている。

所在地

◆【保渡田八幡塚古墳（かみつけの里博物館）】
群馬県高崎市井出町1514　TEL027-373-8880

6　存亡をかけた戦いの握り飯
―八王子《はちおうじ》城跡

東京都
戦国時代

「こんださん、行ってみたい遺跡はありますか？　関東近郊で」

編集部からきかれて反射的に答えたのが「城に行ってみたい」だった。

なんだこの子どものような回答は。しかしそこは担当編集T氏。わたしの性格をよく理解していて、しばらく経って送られてきたメールには「八王子《はちおうじ》城跡に行きます。山城です」とあった。

なんと山城か！

わたしの遺跡アンテナがピピッ！　と反応した。ナイスチョイス。

いわゆるメジャーな姫路城に行こうが、松本城に行こうが小田原城に行こうが「へえ〜」ぐらいしか印象がない。なんなら城好きの友人と城まで行ったにもかかわらず「わたし、ベンチで待ってるわ」といったこともあるくらい興味がない。それなのに、どこかと問われて「城に行きたい」という自分に恐れ入る。

実はこれにはわけがあった。古墳好きの知人が、石室の石積みつながりで城の石垣に興味をもち、そのまま城好きになったのである。そんなことある？　と思ったり、わからんでもないと思ったり。そんなことがあって、機会があれば、改めてきちんと城に行ってみたいと思っていた。そこにチャンス到来、それも関東屈指の山城だという。メジャーな城には感じない野性味あふれる響きに心が浮き立つ。

そもそも東京に城があった、ということに驚いてしまう。さすがに江戸城ぐらいは知っているが、聞くところによると東京にはちょこちょこ城があったのだという。その事実を知っている東京都民が、どのくらいいるだろうか。そのくらい、わたしのなかでは東京と城は結びつかないのだ。

期待に胸がふくらむ。

「わたし、本丸まで登りますから！」

意気揚々と返信し、東京都八王子市にある八王子城を攻めることになった。

焼けこげた握り飯

東京の行楽地として有名な高尾山は、同じ八王子市にある。初心者にも登りやすいらしく、多くの登山客が訪れる山なのだが、八王子城に登るといったら、方々から「高尾山よりもきついから」と脅され、戦々恐々の思いで待ち合わせ場所のＪＲ高尾駅北口のバスのりばへ向かった。駅には高尾山に行くとおぼしき中年男女のグループがたくさん。彼らの装備を見ながら、スニーカー、長袖シャツにリュックというハイキング然とした自分の格好に苦笑い。

Ｔ氏とともに路線バスに乗りこみ、「霊園前・八王子城跡入口」というバス停から八王子城跡ガイダンス施設を目指して歩きはじめた。

土日・祝日は、ガイダンス施設前にあるバス停「八王子城跡」行きのバスがあるが、平日はわたしたちが降りたバス停が最寄りだ。山に向かってゆるやかな坂を20分ほどのぼっていく。道路脇には畑や住宅が立ち並び、なかにはおしゃれなカフェもあった。わたし自身は今回まで八王子城の存在を知らずにいたが、城攻めの観光客（という呼び方が合っているのかはわからないけど）目当てのお店があるということは、けっこうな人が訪れているということなのだろう。

八王子城跡ガイダンス施設は、その名のとおり、八王子城跡について学べる施設だ。八王子城の歴史や城主・北条氏照《ほうじょううじてる》や北条氏について、パネルや出土遺物などで簡潔に紹介されていて、城跡に行く前の予習にぴったりである。ここで、今回の城攻めの案内役をお願いした八王子市教育委員会文化財課の村山修さんと合流した。どこか飄々とした雰囲気を漂わせている。

「この場所に城をつくるときには、だれかの許可がいるんですか？」

T氏、苦笑。どうやらのっけから突飛な質問を繰り出してしまったらしい。

「だれの許可もいりませんよ」と優しくほほえむ村山さん。

「強いていうなら、この地域を守護する神さまの許可が必要であり、深沢山は神さまが認めた場所であり、そういう場所に築かれた八王子城は加護のある城、ということはいえるかもしれませんね」と話してくれた。

村山さんの説明によると、八王子城は、現在の深沢山ではなく高尾山に築城するという案もあったらしい。だけど、高尾山は神域であり神仏が住む場所と考えられていたので（高尾山は修験道の山でもある）、さすがにそこに築城することはできなかったようだ。

なるほど、高尾山の神仏が八王子城に味方しているという言説がつくられ、そのなかで領主である北条氏照は領民を束ねていったのか。

さて、その北条氏照とはどんな人物なのだろう。

氏照は小田原北条氏の3代目、氏康の三男として生まれた。村山さんの話によると、北条氏は周辺地域よりも領民に課した税が軽く、民を大切にしていたらしい。そのうえ、労働の際には、わずかとはいえ労役《ろうえき》に対する賃金を払っていたと聞いて、びっくり仰天。てっきり強制労働させられていたのかと思ったら、そうではないらしい。ほかの城ではどうだったのか、定かではないが、北条氏、なんかいい領主だなと勝手にファンになってしまう。単純なものである。

八王子城は天正年間（1573〜1592）に築城が開始されたと考えられている。ところが、未完のまま落城してしまうのだ。

天正18年（1590）6月23日、豊臣秀吉の軍勢である前田利家《としいえ》と上杉景勝《かげかつ》の連合軍に攻めかかられて、わずか1日のことであった。

「豊臣軍は、八王子城を攻める前に埼玉県にある鉢形《はちがた》城攻めをおこなっています。これに前田も上杉も加わっていたんですが、鉢形城を落とすまでに1カ月近くかかってしまったんです」

それで業を煮やした秀吉が「八王子城は速やかに落とせ」と檄をとばし、これはいかんと、連合軍はわずか1日で攻め落としたというわけ、らしい。

説明する村山さんの前の展示ケースには、落城時に焼けた遺物が並んでいた。そのなかに、見るからにもろもろっと崩れそうな直径5センチほどの黒い塊を見つけた。ツブツブの米粒が残ったそれは、焼け焦げたおにぎりである。「腹が減っては戦はできぬ」じゃないけれど、なんとしても城を守り抜くぞと、腹ごしらえのために握られたせつないおにぎり。説明がないとただの黒い塊にしか見えないけれど、その場所に暮らした人たちの息づかいが強烈に伝わるもので、印象に残る遺物だった。

ほかにも、城主が暮らした「御主殿《ごしゅでん》」曲輪《くるわ》内から銅銭（永楽通宝）や鋳型など鍛冶に関係する遺物も出土しているそうだ。火縄銃の弾が足らなくなり、銅銭を溶かして鉄砲弾にしたらしい。それも御主殿で。それだけ氏照軍は総力戦で、必死のパッチだったということだ。鉄砲弾だけではない。マキビシ状の土玉が、御主殿曲輪の入口周辺で大量に見つかっている。絶対にここは通さないという気概が、ひしひしと伝わってくるではないか。一見するととてもアナログで、役に立つのか？　なんて思ってしまうのだけれど、「とにかく、やれることはなんでもやってやる」的なにおいがプンプンしてきて、グッとくる。

兵《つわもの》どもが夢の跡

ガイダンス施設を後にして、いよいよ御主殿曲輪へと向かう。
舗装された道から山道に入り、数分歩いたところで村山さんが立ち止まった。「ここ、見てください」と指さす山の斜面には、ところどころに積まれた石が見える。

「石垣です」

いまでは植物に覆われ、当時の様相とは変わってしまっているけれど、大小の石がうまく組み合わされていて、４００年経ってもそこに存在していることにじわっと感動する。よく耐えてきましたな、と植物のあいだに見え隠れする石垣に心のなかで声をかける。

村山さんによれば、石垣づくりは西国の方がうまかったらしい。古墳の石室の石積みで培われた技術が引き継がれたのだろうか。いやいや、西国に劣ったとしても、目の前にたたずむ石垣も十分立派である。

前日に雨が降ったせいか、山の空気はしっとりとしていて植物のにおいが濃い。気分良くなだらかな坂をのぼり、歩みを進めると、城山川という川を渡るように土塁が築かれていた。川は築城当時からあるもので、物資の運搬もしていただろうし、子どもたちの遊び場にもなったはず。防御の役割もあったのだろう。

その先に、今度は石垣を利用した本格的な橋が現れた。ここまで来ると下で見た城山川は堀の役割をしていることがわかる。橋を渡った先は、御主殿曲輪にいたる虎口《ここう》（城への出入り口）だ。虎口は敵の侵入口にもなるから、折れ曲がったりして侵入しにくい構造になっている。

なんとなくあの世とこの世の境い目を越えるかのように世界が変わるのを感じながら、橋を渡りきった。

ここにも石垣が残っている。この石垣も下で見た石垣と同じように400年のあいだ、この場所にありつづけた。それも土砂をかぶった状態で。

解説板には土砂を退けて再び姿を現したときの写真も載っていた。

それはそれは美しい立ち姿をしていた。

城山から採取できる砂岩を利用して、石の形をよく生かして積み上げられた石垣。隙間には小石を詰め、裏側には砕いた石をたくさん入れて補強をしているという。オモテ――人目にふれるところは美しく見せたいという、作業した人の心が表れている。

「発掘しててこんな立派な石垣が出てきたら騒然としたんじゃないですか？」と興奮気味のわたしに対し、「わたしはここを掘っていなかったので」と遠慮気味かつ正直に返す村山さん。思わず吹き出してしまった。わたしがその場にいたら、さぞや大騒ぎしたのではないか。いや、調査員の立場だと「えらいもんが出てきたぞ。慎重に作業しないと」と、逆に冷静になったかも。いやあ、しかし、よく残ったな。

門へとつづく石敷きの階段も当時のものが見つかっていて、これもあっぱれである。階段をのぼるわたしの脳内で勝手に時代劇が動き出す。この階段でどんな俳優を歩かせるか、どんな会話をさせようか、登城中にいきなり斬りつけられるシーンなんてどうかな、なんて妄想が止まらない。

ひとりニヤニヤしながら門をくぐると、目の前に広々とした御主殿曲輪が現れた。ここが、城主の居館などがあった八王子城の中心部である。

深緑の山を背景に、立派な柱が立っていたであろう大きな礎石が整然と並んでいる。当時は背後に迫る山は切り開かれ、いまとは様子を異にしていたらしい。

そこには、城主が暮らした館跡や、その前には会所《かいしょ》とよばれる宴などをおこなうための建物跡もあった。これらの建物の前には、池を配した庭園が広がる。

復元された会所の床に立つと、関東の血気盛んな武士たちがやんややんやと宴会や会議をしている場面が脳裏に浮かぶ。テレビの見過ぎか。

ガイダンス施設で見たように、落城の折には、ここ御主殿曲輪で銅銭などから鉄砲弾をつくっていたらしい。城の心臓部であるこの場所で。通常であれば、鍛冶職人が行き交い作業をするなど考えられないことだ。本当にこれは非常事態で、人びとが生きのびようと必死に対応していたことが胸に迫る。

いまではただの静かな原っぱだけれど、前田・上杉軍が攻めてくるとわかったその日から、迫りくる敵方を蹴散らそうと、凄まじい熱気と狂気がこの御主殿に渦巻いていたことだろう。

いざ、本丸へ

御主殿曲輪を出て、いよいよ本丸へと向かう。ここから本格的に山に分け入っていくのだが、この登山道こそ、高尾山登山よりきついといわれたアレである。

前田・上杉軍もこの山を攻めのぼったのか。秀吉に檄を飛ばされていたわけだから、こっちはこっちで死に物狂いだったのだろう。そんな彼らを想いながら本丸につづく山道を歩きはじめ……

つ、つらい。

登りはじめてすぐにつらいってどういうことだ。なにこれ、冗談でしょ。整備されているとはいえ、山歩きに慣れていない人間にはかなり堪える。木の根をうまく利用し階段状になっているところもあれば、石がゴロゴロして足元がかなり不安定な箇所もある。

――これも本丸に行きにくくする工夫だったのだろうか。

苦しい息の下でようやく絞り出した感想がこれだった。

無言になるわたしとT氏。汗が滴り落ちる。

途中にも石垣があり、村山さんから説明を聞くも半分も頭に入ってこない（村山さん、ごめんなさい）。

こんなところを毎日登ったり下ったりしてたのか？　あり得ないんだけど。

心のなかで悪態をつきながら村山さんを見ると、あいかわらず飄々と登っている。さすが登り慣れていらっしゃる。そこでふと疑問がわいた。

「村山さん、戦いのときに敵もこの道を登ってきたってことですかね？」

「いや、もう力まかせに、一斉に山にかじりついて登ってきてたと思いますよ」

山肌にうようよと甲冑をつけた男たちがへばりつき、鬼の形相で登っている姿が浮かんだ。なんちゅう事態なのか。でも、それぐらい戦国時代の戦いって、肉弾戦というかハチャメチャだったのだろうな。

途中少し開けた場所に出た。金子丸という、金子三郎左衛門家重が守っていたといわれる曲輪だ。この戦いで一番の激戦地だったというその場所は、思った以上に狭い。

こんな狭いところで刀を振り回してたの？　間違って味方も斬ってしまいそうになるぐらい狭いんだけど。ということは、互いに密着して斬りあっていたということか？

鈍い音とともに、鬱蒼とした山のそこかしこで血飛沫《ちしぶき》が飛ぶ。生臭い血のにおいが漂うなか、響きわたる両軍の怒号。山がぐらぐらと震えるような戦いだったのではないか。

T氏が遅れだした。そりゃあそうだ。きついもん。

村山さんが声をかける。

「もう少ししたら苦労した甲斐があったと思える場所に着きますから、がんばりましょう」

その言葉を信じて前に進む。

しばらくして目の前がスパーンと開けた場所に到着した。

とうとう本丸に到着……ではなかったのだけれど、山中で一番見晴らしのいい場所だという。

八王子駅方面に広がる住宅街と、そのはるか向こうに駿河湾が見える。視界の右端には高尾山の姿もあった。

「ここから見えている景色すべてが、北条の領地でした。自領を眺めながらいろいろ考えていたと思いますよ」

きっとここに立ちながら、領民のことはもとより国の行く末も考えていたのではないか。そんなことを思いながら、再び本丸へと足を動かし始める。


登り始めてから1時間弱。いよいよ今度こそ正真正銘の本丸へと足を踏み入れた。

「せっまーい」


そのときの第一声がこれだ。それほどに本丸は狭く小さかった。説明板には「城の中心で、最も重要な曲輪です。平地があまり広くないので、大きな建物はなかったと考えられています」とある。——でしょうね。

それでもここが、彼らが命にかえても守りたい場所だった。物理的な広さの問題ではないことは重々承知だが、こんな小さな場所を守るために多くの血が流れたのかと思うと、やるせなくなる。武士の世界は、現代人には本当に計り知れない。

あれほど苦労してたどり着いた本丸だったが、滞在時間はわずか10分ほど。早々に本丸を後にして、本丸から少し下ったところにある八王子神社のベンチに腰をおろした。この神社は、氏照が城の守護とした八王子権現を祀っている。
そこでかつての北条の領地を見ながら、3人で昼ごはんを食べた。
城攻めなら昼ごはんはこれ一択だろう、と握ってきたおにぎりを頬張る。ガイダンス施設で見た、焼け焦げた黒い塊を思い出した。

存亡をかけた戦いの、握り飯。

400年前、握り飯を食べて戦いにのぞんだ人が、たしかにここにいたのだ。しみじみした気持ちでおにぎりを食べた、わたしの八王子城攻めであった。

所在地

◆【八王子城跡】　東京都八王子市元八王子町3、西寺方町、下恩方町
＊登山道へは八王子城跡ガイダンス施設から入る。
◆【八王子城跡ガイダンス施設】
東京都八王子市元八王子町3-2664-2　TEL042-663-2800
＊不定期で展示替えあり。

7 縄文界の異端児
——井戸尻《いどじり》遺跡

長野県
縄文時代

もう二度と来るか。なんなんだ、この考古館は！

憤慨のあまり、帰途につくなり同行者とあれこれしゃべりまくったのが、いまから13年ちかく前のこと。これが、わたしと井戸尻《いどじり》考古館との出会いである。

なぜこんなにも憤慨したのか。それは展示のパネルに書かれていた内容が、考古学というよりもあまりに神話的だったからだ。

まず、半分人間で半分カエル（蛙）だと井戸尻考古館が解釈する土器の文様「半人半蛙《はんじんはんあ》」の解説パネルにドン引きした。半分人間で半分カエル？　理解できない。3本指は、本当にカエルを表しているの？　そもそもわたしには、カエルにも人にも見えないんだけど。

これだけではない。「神像筒形土器」と名前がついた土器もあった。

え、神像？　……神⁉　本当に縄文人が「神」をイメージしてつくったのだろうか。この

藤内遺跡出土の
半人半蛙文有孔鍔付土器
（井戸尻考古館蔵）

土器の造形を神とみるのは現代人のイメージであって、彼らには「神」という概念もなかったかもしれないのに？ それに、「神像」なんて名前がつけられていると、展示を見た人は、本当に縄文人が「神像」をつくったのだと思ってしまうのではないだろうか。でも、縄文人がそんなことを意図していなかったら？

想像するのは自由だ。土器をつくった縄文人にきかなければ、真実はわからない。

——でも、でも。

ここは公の考古館である。その展示は、ある程度の確証があり、だれが見ても納得できるような学問として担保されたもの、として見学者は思っているはずだ。ところが、だれかが頭のなかだけで紡いだ物語のような解説を堂々と展示している。にわかには信じられなかった。そして、館としての信念がにじみ出ているような展示に、異様とまでいっていいものか、ふつうじゃなさを感じた。

ここは熱烈なファンがついていることで有名だ。それも女性ファンが押し寄せると聞いて、興味をもっていた。女性をひきつける縄文の展示ってどんな感じなんだろうと、期待に胸ふくらませてやって来たのだが、この展示である。心底がっかりした。正直にいえば、わたしはスピリチュアルなことがきらいではない。というか、どちらかといえば好きである。そのわたしでさえも受け付けられないほど、井戸尻考古館が提唱する神話世界には納得がいかなかった。

このとおり、はっきりいって井戸尻考古館との出会いは最悪だった。苛立ちは日を経るごとにおさまっていったが、「井戸尻はちょっと危険」という認識が育っていった。

その数年後、井戸尻考古館の現館長に予期せぬ場所で会う機会にめぐまれた。

「ご存じかと思いますが、縄文の異端児です」

そういって名刺をそっと渡してくれたのが、小松隆史さんだった。

なんと、自分たちが〝縄文界〟でどう思われているのか、ご存じだったか！

癖の強い井戸尻考古館とは裏腹に、意外にも小松さんは優しいお顔と声の持ち主だった。そのやわらかな物腰に、気づけば井戸尻考古館に対する胸のしこりは薄らいでいった。かわりに、疑問がわいた。

「縄文界の異端児」と自称する井戸尻考古館、その中心をなす井戸尻遺跡とは一体どんなところなのだろう。

「縄文農耕論」の衝撃

のどかないなか道を車で走った先に、長野県富士見町はある。富士見町、つまり富士山が見える場所、ということだ。長野県でも山梨県寄りにあるこの町は、どちらかといえば太平洋側のようにそこまで寒くならず冬でも晴れる日が多いという。この富士山の見える町に、井戸尻考古館、そして井戸尻遺跡はある。

ひとまず井戸尻考古館に車を置き、まずは井戸尻遺跡に行ってみることにした。遺跡の向こうには八ヶ岳山麓が連なり、本来なら山の切れ間からはるか南東に富士山が見えるという。わたしがお邪魔した時には、厚い雲がかかって富士山を拝むことはかなわなかった。なんとも残念である。わたしを含め富士山好きは多いが、こんなところに集落をつくるなんて、縄文人も富士山に思い入れがあったのかも。そう思うと「同じだね」とうれしくなる。

遺跡にはポツンと竪穴建物と遺跡の解説板が立っていた。なんだか潔い。

井戸尻遺跡は、八ヶ岳山麓のいく筋もの尾根と帯状の台地に点在する八ヶ岳山麓遺跡群の一つである。遺跡群は八ヶ岳の地下水が湧き出す標高800メートル〜1000メートルのあいだにあり、特に縄文時代中期の遺跡が集中しているという。昭和33年（1958）に始まった発掘調査により、井戸尻遺跡は縄文時代中期の集落跡であることが確認され、昭和41

年（1966）に国の史跡に指定された。

と、ここまではよくある遺跡の話である。では、なぜ、この井戸尻遺跡が縄文界の異端児なのか。それは、世にいう「縄文農耕論」の中心となった遺跡であり、大批判にさらされた遺跡だからである。

縄文農耕論とは、読んで字のごとく縄文時代に農耕があったという考え方である。しかし、日本の農耕は弥生時代に始まった、と学校で習った人も多いのではないだろうか？　いまでこそ縄文時代の農耕の可能性を示すような痕跡も見つかっているが、縄文農耕論が発表された昭和25年（1950）頃は、「縄文時代＝狩猟採集を中心とする社会」という認識が一般的で、前述のとおり批判の嵐にさらされた。

しかしながら、縄文農耕論は消えなかった。実は、現在もなお井戸尻考古館の人たちは縄文農耕論を支持し、追究しつづけているのだ。自らつくった石器を使い、畑をつくり、作物を育て、縄文農耕論を実証しようと実験をつづけているのだ。そして現在、井戸尻考古館の公式ウェブサイトでは「石器は農作業の一連の過程を担う農具であり、その農具の組み合わせからは、常畑《じょうばた》における雑穀栽培を主とした集約的な農法があったという考えに到達している」と、力強く表明しているのである。

あっぱれというほかはない。

だれにもなにもいわせせない強さがある。

思い返せば、展示もそうだった。井戸尻考古館は、だれがなんといおうが、信じた道をゆく人たちがいる館なのだ。

この、考古学界に一大論争を巻き起こした縄文農耕論を提唱したのが、藤森栄一である。井戸尻遺跡の発掘は、藤森栄一のかけ声から始まり、のちに茅野《ちの》市尖石《とがりいし》縄文考古館の初代館長になる宮坂英弌《みやさかふさかず》の立会いのもと調査が進められた。藤森栄一と宮坂英弌といえば、考古学史上に強烈な存在感を放つ、在野の考古学者である。二人とも諏訪を代表する巨人、いや、狂人的考古学研究者であるといっても過言ではないだろう。井戸尻遺跡は、そんな二人が関わって発掘された遺跡という。なんちゅう遺跡なのか！

藤森栄一は、八ヶ岳山麓から見つかる考古遺物を丹念に調査して、石器をはじめとするこれらの遺物のあり方は、農耕の存在なしには説明がつかない、と考えるようになった。とはいえ、狩猟採集で成り立っていると考えられていた縄文時代に「農耕があった」と発表することは並大抵ではない。それだけ確信があったのだろうが、その胆力に唖然としてしまう。そんな藤森の信念の強さが、井戸尻考古館の異端ぶりを支えているように、わたしには感じられる。

藤森栄一こそが元祖・縄文の異端児だったのではないだろうか。

ヒールとしての井戸尻遺跡

井戸尻考古館は昭和49年（1974）にたてられた。受付からしてなんともレトロな出で立ちで、冬場は「寒いのでカイロをお持ちください」と渡される。館内も薄暗いが展示ケースもどことなく暗い。いいようにいえば、いまどきの博物館ではあり得ないほど味がある。いなかのつつましやかな資料館という雰囲気で、「縄文農耕論だー！」など、ドカンと花火を打ち上げるようにはとても見えない。そして雑然と置かれた（ように見える）ものすごい造形の土器たち。概して縄文時代中期の土器は派手だが（有名な火焔土器も縄文時代中期の土器である）、ここの土器はそのなかでもとりわけ派手で個性的だ。じっと眺めていると土器に宿る熱量にクラクラする。土器の造形に感動し、例のパネルに動揺する。井戸尻考古館はとにかくいろんな意味で、心が動かされる館なのだ。

「こんださんに喜んでもらえるような土偶がほとんどないんですよね」

事務所でわたしの向かいに座り、いい声で話し出したのは、小松館長である。「異端児です」という自己紹介から久しぶりの再会となった。いえいえ大丈夫です、などと返しながら、次に小松さんに会ったらきこうと思っていたことを投げかけてみた。

「ここの館長になられてどうですか？　以前小松さんから、縄文界の異端児ですっていわれて、びっくりしたんですよ。わかっていたのかと」

「気が弱いんですよ（笑）。ここまで来るのに本当にいろんな葛藤がありましたから」

小松さんの葛藤の根っこは、縄文農耕論だったという。そりゃそうだよな。特に、井戸尻考古館に就職した時が苦しかったそうだ。

「わたしが習ってきた縄文時代とはまったく違うわけですよ。自分の根底にある縄文時代像が覆されたわけです」

井戸尻考古館に来たからには、自分を変えなければならない。その矛盾が、本当に苦しかったそうだ。

「歴代にすごい館長がいらっしゃって、自分に館長が務まるのか、とも思いました。いまは、自分なりにやっていけばいいと、やっと思えるようになりましたけど」

そう話す小松さんの穏やかな表情からは想像もつかないほどの苦悶があったのだ。自分の研究を否定するということは、学んできたことを捨てるということは、どれほどの痛みがあったのだろうか。でも、ここで働くということは、縄文農耕を支持し、追究し、発信していくということなのだ。〝井戸尻考古館の仕事〟に心から邁進するためには、自分自身の縄文脳を再インストールしなければならない。そんな感じではなかったか。

「就職した頃に、先輩にいわれたんです。石器を使って畑を耕してみろ、と」

そのためにはまず鍬をつくらなければならない。自分で石材を探し、加工して石器をつくる。鍬の柄にする木材も必要だ。

「わたしは、鍬の柄にするために、春に木を切ってしまった。そこでアウトなんです」

なぜか。それは、春は木が水を吸い上げている時期だから、なのだそうだ。春は木が大きく成長する時期のため、密度が粗くやわらかな材質になるという。

「そんな時期に木を切ってはいけないんです。それすらわたしは知りませんでした」

そう話す小松さんは苦笑いだ。


小松さんたち井戸尻考古館の研究方法は、縄文人に近づき、寄りそうために、体を動かし手を動かすのだそうだ。

「そうして初めて見えてくるものがあるんだと、わかってきたのです」

縄文農耕を否定することは簡単だ。しかし、縄文人が残した道具を見ると、どうもにおう。農耕の可能性があるのではないか。だったら自分たちで仮説を立て、体を動かして、立証してみよう——というのが、井戸尻考古館の学芸員に代々伝わる考え方なのだ。なるほどなあ。

「わたしは思うんです。ヒールがいたほうがどこの業界も盛り上がるように、それを与えられた役割としてやっていこうと。そうして縄文時代に関して議論が深まるのであれば、井戸尻がそれを引き受けようと思うんです」

なんという覚悟。

笑みを絶やさない小松さんの口からこぼれ落ちる言葉は、静かだけれど芯の通ったもので、わたしの心にまっすぐに入ってきて、刺さった。

「きっとほかの皆さんと、目指すところは同じなんだと思うんです。ただルートが違うだけで、うちはこのルートで登っていきますよ、というだけなんです」

これが、小松さんが苦悩して見出した井戸尻考古館と自身のあり方であり、元祖・異端児、藤森栄一への答えなのだと思う。

井戸尻考古館が、小松さんが、ヒールでありつづけられるのは、藤森栄一から脈々と異端児のDNAを受け継いできたからではないか？　あるいは、これが在野の気風というものなのだろうか。

異端を引き受けた人たちの突き抜けぐあい、ブレることのない想いの強さに驚嘆するばかりだ。わたしには、彼らが輝いて見える。うらやましい気持ちもある。信じたことに突き進む人たちは、有無をいわさず、かっこいい。

出会いは最悪だったけれど、信念を貫くことの清々しさを教えられた井戸尻考古館だった。

所在地

◆【井戸尻遺跡（井戸尻史跡公園）】

長野県諏訪郡富士見町境（井戸尻考古館に近接）

◆【井戸尻考古館】　長野県諏訪郡富士見町境7053　TEL0266-64-2044

8 わたしたちのストーンサークル（前編）
——大《おお》湯《ゆ》環状《かんじょう》列《れっ》石《せき》・伊《い》勢《せ》堂《どう》岱《たい》遺跡

秋田県
縄文時代

よくきかれる質問がある。

「縄文時代の遺跡だったらどこがオススメですか」

この問いには、次のように答えている。

「ストーンサークルです」

そして、こうつづけている。「ストーンサークルは、なんせ遺跡としてわかりやすい。縄文人がつくったとおり、彼らの意思がそのまま反映されたものが残っている。そのうえ、とにかく気持ちがいい場所が多い。なので、パワースポットなんていわれる遺跡もありますが、ある意味それは正しいかもしれません」

日本にストーンサークルがあることを知っている人はそれほど多くない。もちろん、考古学者や縄文時代好きは知っていると思うが、さほど関心がない人にとっては、ストーンサークルと聞いて頭に思い描くのは、イギリスの世界遺産であるストーンヘンジではないだろうか。

いまからおよそ4000年前のイギリスに暮らした人びとは、高さ4～5メートルもある巨石を直径110メートルにもなるサークル状に立てた。そう、よっこらしょっと、と立てたのである。

考えるだけでおそろしい。あんな巨大な石板をどうやって立てたのか。事故もあったはずだ。ストーンサークルの下には墓があるといわれているが、墓標にしてはデカすぎる。どう考えても単なる墓ではない。となれば、それ以上の機能をもっていると考えられるのがストーンサークルなのである。

ストーンヘンジほど大きくはないが、日本にも北海道南西部の渡島《おしま》半島、青森県や秋田県北部を中心にストーンサークルはつくられている。珍しいところだと、規模は小さいが東京の町田市にもあって、縄文時代後期以降の東日本には「ストーンサークルをつくりたい、いや、つくらねば」という空気が流れていたのかもしれない。

前置きが長くなった。ストーンサークルのなかでも特にわたしのお気に入りといえば、秋田県鹿角《かづの》市にある特別史跡の大湯《おおゆ》環状《かんじょう》列石《れっせき》と秋田県北秋田市にある伊勢堂岱《いせどうたい》遺跡である。

両者は秋田県北部を日本海に向かって流れる米代《よねしろ》川流域にある。その支流である大湯川は大湯環状列石と深い関係があり、同じく支流である小猿部《おさるべ》川や湯車《ゆぐるま》川は伊勢堂岱遺跡と関わりが強い。つまり、米代川が二つのストーンサークルをつないでいるわけだが、流域にはほかにもストーンサークルがあるのではないかと考える研究者もいる。わたしもそれに1票。米代川に沿って「ストーンサークルをつくらねばならん」という意識が、各集落で共有されていた可能性があるのではないか、と思っている。

気持ちのいい場所

いまでこそストーンサークル好きを公言しているが、そのきっかけになったのが大湯環状列石である。

東京から大館能代空港へ向かい、空港から車で1時間弱。決して交通の便がいいとはいえないこの場所にどうしても行ってみたかったのは、「縄文人がつくった日時計がある」と、当時読んでいた縄文関連の本には必ず掲載されていたからだ。

またまた〜、話を盛っているんじゃないの？　と疑いの眼差しで本を読み、これは一度自分の目で確かめないといけない、と常々思っていた。

それは10年ちかく前の晩夏の頃。当時のわたしは「なんとか土偶の本を出版したい」と、土偶や各地の遺跡を見てまわり、自分のなかに知識を蓄積していて、出版に向けてもがいている状況だった。一方、世間では縄文時代がまったくといっていいほど盛り上がっておらず、「北海道・北東北の縄文遺跡群を世界遺産へ！」などという話もほとんど聞こえてきていない時期である。つまり、多くの人が「縄文時代ってなんですか？」状態のときに、初めて大湯環状列石に足を運んだわけだ。

ゆるやかな登り坂を車で走ると、両側が開けた小高い場所に出た。それは登り坂のてっぺんにあった。

「あれ？　ここなの？　着いちゃったの？」

なんとも拍子抜けした感じで到着したのが、大湯環状列石である。

ちょっと想像と違う。もっと鬱蒼とした森を抜けたり、山深い場所にあるのかと思っていたのだ。

ともあれ、駐車場に車をとめて、まずは遺跡に向かうことにした。

駐車場から遺跡までは、木々のあいだを抜けていく小道があった。遺跡へとつづくこうした小道は、なんでもないようでいて実はとても重要な扉だ。――現代と古代をつなぐ時空の扉。その扉をギギッと開けて、まずは東西に分かれているうちの大きいほうのサークル、万《まん》座《ざ》環状列石へ向かう。

その途端、目の前に広がるあまりに美しい景色に、写真を撮る手が止まらなくなった。

なに、この気持ちのいい場所……。

東北の晩夏という時季も味方したのだろう。少し色が薄くなりはじめた青空に、白い切れ長の雲が浮かぶ。遺跡を取り囲む木立ちの深い緑とのコントラストも鮮やかに、吹き抜ける風はさらりとして心地いい。風が細胞を通り過ぎ、心が浄化されていくような感覚になる。

ひとしきり写真を撮り終えると、思いきり深呼吸をしながら芝生の上を歩く。円形に掘立柱建物が点在する中心部へと近づいていく。

ああ、ここ、ハワイのワイメア渓谷みたいだ。

もちろんここは渓谷でもなければ、ハワイとは似ても似つかない秋田県の内陸部なのだが、〝場〟の雰囲気がとても似ていた。

ワイメア渓谷は、オアフ島にあり、「ヘイアウ」とよばれる古代ハワイアンの宗教施設があった場所である（「太平洋のグランドキャニオン」として知られるカウアイ島のワイメア渓谷とはべつの場所）。とても神聖な場所で代々大切に守られてきた。そこに流れていた空気と同じものを感じたのだ。あくまで主観だけれど。

ここ、もしかしたら、マジですごい場所なんじゃないだろうか。

そう思って撮影した写真を確認すると、明らかにほかの画像ときれいさが違う。解像度が違うといっていいかもしれない。とてもクリアで透明感のある写真が携帯（まだ折りたたみ携帯だった）に保存されていた。この写真の感じ、ワイメア渓谷で撮った写真と同じだ。

こうして、わたしのなかで勝手に大湯環状列石はハワイになったのである。


あまりに最高な空間にホワホワしてしまい、本来の目的を忘れるところであった。縄文時代の日時計を確認せねばならん。

近づいてサークルの石の並びを観察すると、ただ雑然と並べられているのではなく、十数個の石が塊となってひとつの形を成し、それが円形に並んでいることに気がついた。そのうえ、サークルが2重になっているではないか。同じストーンサークルでも、巨大な石をサークル状に並べたストーンヘンジとはつくりが違う。あとで調べたところ、その塊一つひとつが墓であり、ストーンサークルは共同墓地の可能性があるという。

万座環状列石だけで約5000個の石が運ばれ、並べられた。石のうち6割ほどが、遺跡から2〜4キロメートル離れた大湯川からわざわざ運びこまれている。それも「石英閃緑《せきえいせんりょく》ヒン岩」という緑色がかった石ばかりを選んで。

なんというこだわりようなのか。

石は見た目以上に重い。そのうえここは標高180メートルの台地の上。荷車さえもなかっただろうから、人力で運ぶしかないのである。相当な思い入れがないとできない作業だ。

夏至の日の宴

お目当ての縄文時代の日時計は、外側のサークルと内側のサークルのあいだにあった。立てた石を中心に放射状に細長い石がきれいに並べられている。まるで中央の立石にまわりの石がひれ伏しているようにも見える。それを枠組みするように円く石が置かれていた。

そして、はたと気がつく。たしかに日時計のような見た目ではあるが、これ、本当に日時計なの？　日時計として使ってたってこと、わからなくない？

実際のところ、この日時計状の石組みっぽいものを縄文人たちはどうやって使っていたのだろうか。

そのヒントが、万座環状列石の西側、道を挟んだ反対側にあるもう一つの環状列石、野中《のなか》堂《どう》環状列石にあった。万座環状列石よりも小ぶりなストーンサークルで、万座環状列石との距離は130メートルほどだ。

野中堂環状列石にも日時計っぽい石組み（日時計状石組）はある。研究者によれば、夏至の日になると、万座と野中堂、二つのストーンサークルの中心を結ぶ線と、日時計状石組の立石が一直線に並ぶ位置に、夕陽が沈むというのだ。

だとしたら、二つのストーンサークルは計画的につくられた施設、ということになる。ストーンサークル周辺では、儀礼に使ったと思われる特別な土器や土偶、土製品などが見つかっている。また、サークルに沿うようにして儀礼用と考えられる掘立柱建物がたっていたらしい。つまり、大湯環状列石は、集団墓地であると同時に、祭祀の場所だった可能性が高い。周辺に暮らした人びとにとって神聖な場所だったのではないか。

ここに埋葬されたのは大湯川周辺に暮らしていた人たちなのだろう。だから、暮らしのそばにあった大湯川の石を拾い、えっちらおっちらとわざわざ高台まで運び、大地に置いたのではないか。うっすらと緑に見える石を選んだのは、大地から植物が芽吹くように命の再生をイメージして選んでいたのかもしれないと、漠然と思った。

だとしたら、ここは愛の詰まった場所だ。

夏至の日の夕刻、オレンジ色の光が射すサークルのまわりに大湯集落の人びとが集い、故人をしのびながら、いま生きていることを喜ぶ宴が催されていたのかも。

ストーンサークルを眺めながら見えない縄文人たちを思い浮かべた。

最後に、この遺跡から見つかった品々を展示している大湯サークル館を見学することにした。

「ここは忘れられた遺跡なのですよ」と、館の人が話してくれた。

「大湯環状列石が発見されたのは昭和6年（1931）です。発見されるタイミングが早すぎたんです。発見されたあと、日本人は戦後の高度成長に浮かれ、だれも過去の歴史に目を向けなくなった。こんなに素晴らしい遺跡なのに見向きもしません」

さみしそうに、そして悔しさをにじませながらその人はいった。聞いているこちらの胸も締めつけられる。たしかにこのとき、資料館にも遺跡にも、わたし以外の人影はなかった。忘れられた遺跡といいたくなるのもわからんではない。

縄文人は、大切な人を忘れないようにするためにストーンサークルをつくったのだ。たくさんの人が協力して時間をかけ、苦労してあの場所をつくったのだ。

そう思うと、なんだかその言葉が無性にさみしく、そして腹立たしかった。

あれから月日は流れ、2021年、大湯環状列石は世界遺産になった。あのとき「忘れられた遺跡」といわれた遺跡は、人類にとって忘れてはならない場所になった。

所在地

◆【大湯環状列石（大湯ストーンサークル館）】
秋田県鹿角市十和田大湯字万座45　TEL0186-37-3822
＊遺跡は冬期閉鎖（11月中旬〜4月中旬）

9 わたしたちのストーンサークル（後編）
──大《おお》湯《ゆ》環状列《かんじょうれっ》石《せき》・伊《い》勢《せ》堂《どう》岱《たい》遺跡

秋田県
縄文時代

わたしの、もう一つのおすすめストーンサークルは、大館能代空港から車で5分の場所にある北秋田市の伊《い》勢《せ》堂《どう》岱《たい》遺跡だ。

訪れたいと思いながらもタイミングが合わずに月日が経ち、2021年6月、念願かなってその地を踏むことができた。折しも世界遺産に登録される直前のことだった。

なぜここに来たかったのか。

それは同じ場所に四つもストーンサークルがあるという、全国的にもほかに類のない遺跡だからだ。

サークルが四つって、ちょっとやりすぎやろ。

「つくらねばならん」と、なにが縄文人たちを駆り立てたのか、どうしてそうなったのか、感じたかったのだ。遺跡に立ったら、なにかつかめるかもしれない、と。

そんな思いとともに、6月の梅雨の晴れ間の某日、みずみずしい田んぼの稲に風が吹きわたるなか、伊勢堂岱遺跡にお邪魔したのである。

魅惑の〝土偶好きホイホイ〟

遺跡に行く前に、まずは伊勢堂岱遺跡縄文館を見学することにした。施設は新しく、黒い外観がなかなかスタイリッシュである。

館内に入ると、左手に書籍やグッズの販売コーナーがあり、その奥に展示スペースがあった。展示は回遊式になっていて、遺跡のマスコットである板状《ばんじょう》土偶「いせどうくん」の巨大レプリカを皮切りに、コンパクトながらストーンサークルに関して理解を深められるつくりだった。

200年間利用された儀礼の場所であること。

環状列石のまわりを取り囲むように掘立柱建物がたてられていること。

米代《よねしろ》川支流の小猿部《おさるべ》川や湯車《ゆぐるま》川から20種類以上の石を運びこんでいたこと。

土器を棺とした土器棺や土坑墓があり、集団墓だと考えられること。

伊勢堂岱とはこういう遺跡らしい。

同じ米代川流域といえど、大湯環状列石をつくった人びとと伊勢堂岱遺跡をつくった人びとの石へのこだわりが、明らかに違うことがおもしろい。大湯では緑がかった石だけを選んでいたのに対し、伊勢堂岱の人たちは赤、白、青、黄と色とりどりの石を組んだ。わたし、こっちの人たちなら友達になれそう。

展示のなかで、特にひきつけられたのは棺として使われたらしい土器だ。表面全体におおらかな模様が施されたその土器を見ていると、血管が蜘蛛の巣のように張りめぐらされた女性の子宮が脳裏に浮かんでくる。命の再生を願ってこの土器を子宮に見立て、棺としたのだろうか。「命のゆりかごとしての棺」――そんな言葉が心に湧く。

縄文人たちはことのほか命のめぐりを大切にしていたのではないか、と考えているわたしにとって、こうした土器は胸に迫るものがある。

そして、展示の最後。べつの意味で〝ひきつけられるもの〟は、待っていた。

展示ケースに並んだ――48体の土偶。

なんだここ、土偶好きホイホイか……？

街灯に引き寄せられる蛾のように、ふらふらと引き寄せられるわたし。

あああ、わたしのお気に入りの子（土偶）がいる。
あ、この子こんな背中してたの？
おおお、あの子はかなりの巨乳だな。
ああ、この子は本当は寝かせた方がよりおもしろいのに！

立ったりしゃがんだりしながら展示台を舐めまわさんばかりに眺め、ぐるぐるとまわり、そして中腰になりながら土偶と目線を合わせる。ここで展示されている土偶はおしなべて胸が大きく、色が白い。なかでもお気に入りの土偶は、片方の乳房を失い、もう片方の乳房が大きく垂れ下がった土偶で「いっぱいお乳のませたんやね、お疲れさま」と思わず声をかけたくなる。

伊勢堂岱遺跡で見つかった土偶だけでなく周辺の遺跡から見つかったものも展示されていて、見応えは十二分だ。このコーナーを見るだけでも伊勢堂岱に足を運ぶ価値はある。土偶好きならば。

あ、そういうことか。最後に楽しい気分になって帰ってもらう仕掛けってことだな、とひとり納得。

本当にここの土偶は魅惑的だ。伊勢堂岱遺跡はそんな土偶たちが見つかった場所である。否《いや》が応《おう》でも期待が高まってくる。

四つのストーンサークル

「土偶浴」を存分にしたあとは、お待ちかねのストーンサークルだ。

縄文館を出て裏の高台にある遺跡へとのんびり向かう。

「この湯車川にはサケがのぼってくるんですよ」と、縄文館の脇に流れる川を見ながら北秋田市教育委員会の榎本剛治さんがいう。ということは、縄文人もここでサケを獲って食料にしていたかもしれん。こんな何気ない情報も当時を想像する手段になるのだから、つくづく先史時代はおもしろい。

縄文人たちと同じ場所を歩いているんだなと思っているうちに遺跡の入口に着いた。目の前に、まっすぐのびる坂道と途中で左に折れていく階段の道がある。

「まっすぐ行くとストーンサークルにダイレクトに到着する近道になります。左に行く階段は林のなかを歩けます」と榎本さんにいわれて、迷わず左を選んだ。標高およそ42メートルの場所につくられたストーンサークルまで、ゆるやかにつづく木製の階段をのぼっていく。

この傾斜を彼らは石を持ってのぼったのか。

一歩一歩踏みしめるように進む。

山道は慣れているだろうけれど、石を持ってのぼるってめちゃくちゃ大変やん。

心のなかでつぶやきながら階段を踏みしめる。

初夏の林は木々が生命力にあふれていて、歩くだけで気分が晴れる。「気持ちがいいわー」と、何度も自然に深呼吸してしまう。

「あまり林に手を入れすぎないようにしているんです」と榎本さん。とはいえ、杉の木は切っているという。縄文時代の植生そのままとはいかないけれど、つくりこみすぎず、かといって杉林ではない林をいい塩梅でつくり、管理するのは、かなり神経をつかうはずだ。

こっちの道を来て大正解だった、と階段をのぼりきると、目の前に光を浴びたドングリの木立ちが広がった。

ああ、なんか北欧みたいだ、ここ。……北欧、行ったことないけど。

木々のあいだを抜けると、視界がいっきに開けてストーンサークルが目に飛びこんできた。視界だけではない。空気も明らかに変わった。場所の〝気〟がいいといえばいいのか、なんだか空気が軽い。大湯環状列石と同じく、これまた抜群に気持ちがいい場所だ。

榎本さんがストーンサークルについて話をしてくれた。

四つのストーンサークルはほぼ同じ時期につくられているそうだ。もとは一つの集落に暮らした人びとが、環境の変化などで別れて暮らさざるを得なくなり、のちに盆地で暮らすようになった四つの集落が、それぞれストーンサークルをつくった、と考えられているという。

彼らは同じ場所に墓をつくり、そこを特別な儀礼の場所として200年間使いつづけた。わざわざこの台地を選んで土地を一度焼き、そのうえで掘削して盛り土する、という大土木工事をおこなった。そうして平らな場所をつくったうえで、ストーンサークルをつくった。

「え？　この土地を焼いたんですか」と問い返すと「その可能性があります」と榎本さんはいう。土木工事をするだけなら土地を焼く必要などなかったはずだ。なぜ？　切り倒した木の根を焼いたとも考えられるが、もしかしたら場を清めるために焼いたのではないか、と妄想してしまう。

こうしておよそ200平方メートルの台地の突端部分に、直径30メートル以上もあるストーンサークルを競い合うようにしてつくったのだ。

集落のリーダーと思われる人物が埋葬されていたり、200点以上の土偶が見つかっていたり、この場所がストーンサークルをつくった人びとの心の拠りどころであったことは想像に難くない。

ストーンサークルとはなにか？

ところで、なぜ縄文人はストーンサークルをつくろうと思ったのだろうか。

縄文時代中期の終わりから日本列島は寒冷化が進み、それによって自然環境が悪化した。森は彼らにとって食料庫であり、状況が悪化すれば自らの命が危ない。食料確保のために大きな集落は解体され、各々がコンパクトに暮らした、とされる。

ここからはわたしの想像であるが、もとより共同体意識が強い縄文人たちは、祖先からの命のつながりを重視し、共同の集団墓地をつくったのではないか。安らかに眠ってほしいと思うのと同時に、いまを生きる自分たちを守ってほしい、なんとか生き抜くために力を貸してほしい。いつもありがとうと想いを託し、祖先に心を寄せる場所となったのではないか。

わたしでも墓に参ればそんなことを思うのだから、見えない存在（超自然的存在）とともに生きた縄文人たちは、祖先に対して当たり前にその想いを強くしただろう。墓をつくる、それも重い石をわざわざ高台に運んで巨大なものをつくるということは、その気持ちの強い表れではないか。

また、ストーンサークルは、離れてしまった集団の結束を祖先の名の下に集めるためのモニュメントだったのかもしれない。その場所でたびたび儀礼をおこなうことで、互いに想いを確認しあったとも考えられる。

ストーンサークルへの強い意識は、その立地からも感じられる。大湯環状列石の北東には、黒又山《くろまた》（通称クロマンタ）というピラミッドのような三角形の山が見える。伊勢堂岱遺跡の突端からは、白神山地の山並みが見える。つまり、両者ともシンボリックな山々に対してス

トーンサークルがつくられているのである。これはほかのストーンサークルでも確認できる。縄文人たちにとって、大地が隆起し聳えたつ山というものは、畏怖する存在であり、天に一番近い場所として神聖視していたのではないか。その山に守られながら暮らし、その向こうから射す光に、彼らはなにか神々しい息吹を感じていたのかもしれない。

縄文人たちの祖先を想う心と自然への畏怖が、彼らにストーンサークルをつくらせたのだ。

重ねてになるが、そういう場所は驚くほど気持ちがいい。風が吹き、空気は乾き、清々しい。ここ、本当にお墓なの？

と思いたくなる。本来、お墓はいい場所につくっていたはずだ。死というものは自然の摂理でありめぐるもの。だから残された者たちは、忌み悲しむのではなく、墓に集まり、笑い、歌い、踊って儀礼をし、祖先とともにいまがあることを確かめる場所なのだと思う。時には、縄文人たちもストーンサークルに来て昼寝をしたり、ゆっくり自分に向き合っていたかもしれない。

ストーンサークルは心の拠りどころなのだ。

伊勢堂岱遺跡の突端に立ってはるか向こうの白神山地を眺める。

この景色を永遠に見るために、彼らはこの場所を選んだんだ。

ここは下界と天界をつなぐ特別な場所。心が疲れたときは、ストーンサークルに行くといい。そんな遺跡は、ほかにない。

所在地

◆【伊勢堂岱遺跡（伊勢堂岱縄文館）】

秋田県北秋田市脇神字小ヶ田中田100-1　TEL0186-84-8710

＊遺跡は冬期閉鎖（11月～4月中旬）

10
ぶいぶい言わすぜ日本海連合
――青谷上寺地遺跡《あおやかみじち》

鳥取県
弥生時代

「弥生人の脳が見つかった」

数年前の考古学界の一大ニュースである。

「は？　なにいってんだか」と耳を疑ったのだが、これが本当だった。

脳が見つかった遺跡は、鳥取県青谷町にある青谷上寺地《あおやかみじち》遺跡という。ここは「地下の弥生博物館」と称されるほど弥生時代の生活道具があれもこれも見つかっていて、脳発見のニュースとともに一躍大注目の弥生遺跡となった。

青谷上寺地遺跡からは5000点を超える人骨も出土しているのだが、見つかった頭蓋骨をもとに青谷弥生人の復顔もおこなわれている。その名（ニックネーム）を「青谷上寺朗《あおやかみじろう》」という。そして2022年、この青谷上寺朗に関わる、とあるイベントが開催され、わたしはその審査員を務めることになった。そのイベントとは――「青谷弥生人そっくりさんグランプリ」。青谷上寺朗のそっくりさんを全国から募集してグランプリを決めようというイベントである。

そっくりさん審査……。

思いもよらないユニークなイベントだったわけだが、応募してきた方々のお顔を拝見すると、そこそこ皆さん似ているのである。ということは、青谷上寺朗の顔は現代日本人に珍しくない一般的な特徴をもった人、ということになる。目鼻立ちがはっきりしていて結構男前。私が抱いていた弥生人のイメージは、目が細くエラも張っておらず、うっすい顔（俗にいうしょうゆ顔←古いか…）かと思っていたら、そんなことはなかった。ちょっと意外である。

そこで、浅からぬ縁をいただいた「地下の弥生博物館」青谷上寺地遺跡に赴いた時の話をしたい。

弥生人の脳みそ

ある年の12月初旬。青谷上寺地遺跡がある鳥取県青谷町を目指して、日本海沿いの道を車で走っていた。車窓から眺める海は荒波によって白くなっている。ああ、これぞ冬の日本海。青谷上寺地遺跡は現在の海岸線から1キロほど内陸に入った場所にある。三方を山に囲まれた平野で、訪れた時には田んぼが広がっていたが、弥生時代は砂州によって外海から隔てられた潟湖《せきこ》があったという。いまから約2200年前、人びとは波が静かで穏やかな湖のほとりに集落をつくった。それが、現在の青谷上寺地遺跡である。

　周囲に丘陵が広がり、木材や食料などの植物資源も豊富。海に出やすく、海産物も獲りやすい。容易に日本海に出入りでき、かつ穏やかな潟湖は格好の港となり、弥生時代後期には国内外の人びとが行き交う「港湾集落」として繁栄したという。実際に、遺跡からは中国や朝鮮半島製の鉄器や銅銭・鏡などが見つかっている。

　わたしが注目しているのは、祭祀の道具とされる箱形の琴の横板である。これ自体は大陸製ということではないようなのだが、この板にはクルクルした角をもつ動物が彫られているのだ。わたしにはどう見てもヒツジにしか見えない（事実はわからない）。ヒツジは、当時の日本列島には生息していなかった。ということは、ヒツジを知っている人が彫った可能性が高いのかも。そんな人が弥生時代の鳥取に来ていたのかも。動物の模様ひとつに妄想は広がっていく。

　およそ500年間、人びとは青谷で暮らした。その間に5度の洪水や飛砂《ひさ》などの自然災害に遭っている。それでも彼らはこの地を離れようとはしなかった。建物や船の板を再利用して排水用の大きな溝をつくったり、土留めをするなどの大規模な土木工事をおこない、青谷に住みつづけた。わたしが弥生時代にここで暮らしていたとしたら、どうしただろうか。食料も木材資源も確保しやすい環境を簡単に手放しはしないだろう。自然の恵みはなによりも大事だ。たとえ天災に遭ったとしても。

ところでなぜ建物や船の板を再利用していたとわかったのか。答えは「板が見つかったから」。ただし「板が見つかった」ということが、青谷上寺地遺跡のすごいところなのである。

通常、木製品などの有機物は残りにくい。ところが、青谷上寺地ムラは低湿地にあったため、水分によって空気が遮断されて真空パック状態になり、バクテリアによって分解されることなく、有機物も残ったのである。その結果、青谷弥生人が使っていた木製の生活道具や食べかす、装飾品や祭祀の道具などが大量に残された。これが「地下の弥生博物館」とよばれる所以である。

大ニュースとなった〝弥生人の脳みそ〟が残った理由も同様である。奇跡的に残った脳みそは3人分。一人分でも十分すごいのに、それが3人分も残っていたなんて、低湿地いい仕事してる！

もちろん脳みそがポロンと土のなかから見つかったわけではない。遺跡からは109体分、点数にして約5300点の人骨が見つかっていて、そのうちの3体の頭蓋骨内から、脳は見つかった。

土から掘り上げられた骨はすべて鳥取大学医学部に運ばれ、慎重に調査がおこなわれた（この時点では頭蓋骨内に脳が残っていることをだれも知らない）。長年地中にあった頭蓋骨のなかには土が流れこんでいる。それを取り除くために挿し入れた棒を引き抜くと、棒の先に白いものが付着していた。「もしや脳ではないか」ということで頭蓋骨が開けられ、見つかったのだ。これはもう奇跡としかいいようがない。気がついた研究者のプロ魂にも恐れ入る。

青谷上寺地遺跡近くの青谷上寺地遺跡展示館（現在は閉館、2024年3月開園の青谷かみじち史跡公園内に新しい展示施設がオープンしている）を見学することにした。

館内に入ると、一目散に脳（レプリカ）の展示場所へと向かった。

こ、これが弥生人の脳か。

開頭された女性の頭蓋骨の横に、取り出された脳のレプリカが二つ。一つは「脳だよ」といわれなければ、土で汚れた白い塊にしか見えない。もう一つは、脳のシワも残っていて、イメージ通りの姿をしていた。

正直、人骨は過去にたくさん見てきたこともあって特に心は動かなくなっていた。しかし、脳は違う。臓器などお目にかかったことがない。妙にリアルに弥生人を感じて、レプリカとわかっていても、ちょっとゾクッとする。ドキドキもする。

わたしも同じように脳みそをもっているわけだけれど、弥生人のものと聞くと、違うものに見えてしまう。

ちなみに、青谷上寺地遺跡の109体分の人骨は、ムラの東側の溝からうち捨てられたような状態で見つかったという。さらに、そのなかの10人分以上の骨に武器によってつけられたキズがあり、青銅製の鏃《やじり》が刺さった骨盤の一部もあった。ここでなにがあったのかは不明だが、うち捨てられた人骨とは穏やかではない。ムラの500年間は、決して平穏無事な500年間ではなかったようだ。

展示されている弥生人の脳には、どんな暮らしの記憶が残されていたのだろうか。わたしには知る由もないが、そのかわりに彼らが残した多くの生活道具を手がかりに妄想してみることにした。

青谷弥生人の美意識

せっかくなので本物の出土品を見ようと、仮設の収蔵庫にお邪魔することにした。扉には、「ご覧になりたい方は事務所にお声がけください」と張り紙があった。これはありがたい。なかに入ると、ズラッと並んだスチール棚に、これでもかというほどぎっしりと出土品が置かれていた。

「ここ、マジですごい……」

弥生時代の木製品と聞いてぱっと思いつくものから、これまで見たことのなかったものまで、木製品がわんさかある。

まずは鍬や鋤などの農具。杵や臼もある。履《くつ》や小さなティースプーンのような匙にお玉、マタタビで編んだ美しい籠。こうした生活の道具だけではなく、木製の盾もあった。

これら出土品の多くが、見た目でそれがなんであるかわかるほど、現在のものとほとんど変わらない姿をしている。昭和の民具といわれたら信じてしまいそうだ。わたしたちの暮らしはずっと地つづきにあるのだと実感させられた。

棚のあいだをゆっくりと歩く。出土品の豊富さと残りの良さに、ただただ驚くばかり。「地下の弥生博物館」の呼び名は伊達ではない。

青谷上寺地遺跡出土の
花弁高杯
（鳥取県蔵）

なかでもひときわ目をひいたのが、花弁高杯《たかつき》とよばれる木製のうつわであった。

高杯とは長い脚がついた杯《つき》（皿と椀の中間くらいの深さのうつわ）である。この花弁高杯は、日常使いのうつわではなく、祭祀のための特別なうつわだとされる。杯部分の外面底部に、花びらのような可憐な浮き彫りが施されていて、そこから伸びる脚柱部と支える脚部には、ほっそいスリットが入れられているのだが――なんと彼らは、この細いスリットを入れるためにわざわざ青谷オリジナルの鉄の道具をつくっていたらしい。

青谷弥生人、どんだけ……。

「どうしてもスリットを入れたい。それもシュッと鋭角に」「道具がないならつくっちゃえ！」となったのだろうか。

たしかにスリットがあるとないでは大違いだ。これがあることで繊細な雰囲気を高杯に与えている。そのうえ、顔料を使って全体を赤く塗っていた。まさに朱色の花弁。

美意識が高すぎるやないか！

そういえば、出土品のなかには木目が美しいヤマグワやケヤキを選んでつくった桶や壺もあった。

こだわりがすごい。ここの人、尋常じゃないわ。

ところが、ここまで技巧を凝らしたのには、〝青谷弥生人の美意識〟以上の理由があったようだ。

日本海連合の証？

花弁高杯は、青谷上寺地遺跡以外に、鳥取県内の3遺跡のほか、福岡県、島根県、兵庫県、石川県の日本海側の遺跡から見つかっているという。最も数が多いのは青谷上寺地遺跡の10点だ。ここで思い出してほしいのが、青谷上寺地遺跡が中国大陸とも交流のあった港湾集落であるということだ。どうやら、当地でつくられた花弁高杯が、日本海沿岸各地の遺跡に交易品としてもたらされたらしい。

これは一体どういうことなのか？

花弁高杯はそれは美しい。当時の超絶技巧作品だといっていい。そんな貴重なものを手に入れることができるくらい自分は力があるのだ、という権威の象徴として、各地の有力者が求めただけ、なのだろうか。青谷上寺地は、各地からもたらされたものの対価として渡していただけ、なのだろうか。花弁高杯は〝ただの交易品〟なのだろうか。

わたしは――想像、いや妄想の域を出ないことは承知のうえで――花弁高杯はただの交易品ではなかったと思っている。花弁高杯は青谷上寺地を中心とする〝日本海連合の証〟ということはないだろうか。

わざわざオリジナルの道具をつくって仕上げた花弁高杯への並々ならぬ思い入れは、美しさの追求だけではなかったのではないか。日本海連合をまとめ上げる青谷上寺地お抱えの腕利き職人が、丹精込めてつくり上げたものを連合するムラの首長に渡す。美しいだけではない狂気を宿した超絶技巧に〝青谷上寺地の本気度〟が込められ、受け取った連合ムラの首長は「緊張と連帯」も同時に受け取るのだ。

では、なぜ連合する必要があったのだろうか。

それは朝鮮半島、古代中国に対抗するためである。彼の地からもたらされた品が見つかるほど、両者は交流が盛んだった。青谷上寺地ムラに多くの渡来系弥生人が暮らしていたことも、人骨のＤＮＡ分析からわかっている。それでも、人間だもの。関係が悪化することだって考えられる。同じことは国内で交流していたほかの地域（連合）に対してもいえる。

大陸勢は鉄の武器をたくさんもっている。自前の鉄製武器をもたない青谷上寺地側は圧倒的に分が悪い。たとえいまは良好な関係にあったとしても、用心するに越したことはない。そこで、青谷上寺地ムラの人たちは「なにかあったら、お互い助け合おうね」と、日本海沿岸地域のムラに特別な品を——花弁高杯を渡した。いわば、契りの盃である。

繰り返すが、これはあくまでもわたしの妄想である。とはいえ、溝にうち捨てられた状態で見つかった多くの人骨がなにを物語っているのかを考えると、そう、たとえばこれが大規模な争いの痕跡であったとするなら、青谷上寺地ムラが緊張状態に置かれた時期もあったと考えることに無理はないだろう。多くの人が行き交えば、それだけ摩擦も起こりやすい。どこまでいっても想像でしかないが、摩擦が衝突に変わった時には助けに駆けつける、という契りの花弁高杯だったのかもしれないな、と思うのである。

ああ、想像するだけでおもしろい。

青谷上寺地遺跡は、整備され、この春「青谷かみじち史跡公園」として生まれ変わった。弥生時代に日本海の交易拠点であった青谷上寺地遺跡は、令和の現代には、知らなかった弥生時代をわたしたちに見せてくれる拠点になっていくのだと思う。

青谷上寺地に暮らした人びとの息づかいを伝えてくれる多種多様な道具から、美しさに込められた物語（または謎）を、皆さんなりに想像してみて欲しい。

多くの手がかりをもとに妄想する楽しさを存分に味わえる、それが青谷上寺地遺跡である。

所在地

◆【青谷上寺地遺跡（青谷かみじち史跡公園）】

鳥取県鳥取市青谷町吉川17　TEL0857-32-8415

＊史跡公園内の展示施設での、脳の常設展示はなし。

11 キング・オブ・縄文遺跡 ——三《さん》内《ない》丸《まる》山《やま》遺跡

青森県
縄文時代

縄文時代の代表的な遺跡の筆頭に挙げられるのが、泣く子も黙る国の特別史跡、三《さん》内《ない》丸《まる》山《やま》遺跡である。

青森県にあるこの遺跡は、2021年に「北海道・北東北の縄文遺跡群」の構成資産の一つとして世界遺産に登録された。平成4年（1992）に始まった発掘調査では、縄文時代の認識をまったく変えてしまい、エポックメイキング的な遺跡として世間では知られている。三内丸山遺跡はテレビや雑誌、書籍などさまざまなメディアで繰り返し取り上げられ、巨大な6本柱建物跡は遺跡の象徴的なビジュアルとして繰り返し使われてきた。まさに、キング・オブ・縄文遺跡である。

かくいうわたしも書いてきた——といいたいところだが、実はほとんど書いていない。機会がなかったというよりも、敢えて書いてこなかったという方が正しい。あまりにメジャーな遺跡であるため、わたしが書かなくてもいいのではないかと思っていた。わたしはどちらかといえば、控え目すぎてあまり世に知られていない遺跡、派手さはないけれど味わいのある遺跡に光を当てたいと常々思っていて、好んでそういう遺跡を取り上げてきた。そしてもう一つ。各方面から怒られること必至だが……

……………………。

……………………。

……………………。

実はあまり三内丸山遺跡が好きではなかったのである。

ほんと、すみません！

手を加えすぎていない遺跡が好きなわたしにとって、三内丸山遺跡は「ちょっとやりすぎてる」感が否めなかった。いや、関係者の皆さんの気持ちは痛いほどわかる。なにもない原っぱだと、遺跡に初めてきた人は当時の集落のイメージが湧きにくい。それを補完するために、研究成果をもとに「こうだったんじゃないか」と復元した集落の姿を見て、理解を深めてもらいたい――という意図は十分すぎるくらい伝わる。わかってはいるのだ。

しかし、である。わたしには、どうにも納得がいかなかったのだ。

そんなわたしに担当編集T氏から、とうとうリクエストがきてしまった。

「こんださん、三内丸山遺跡に行ってきてください」

「え？　いまさら感あると思うんだけど…それでも行く？」と、ごねてみたものの「当たり前です。キング・オブ・縄文遺跡ですよ！」というT氏になかば押しきられるかたちで、わたしはひとり早朝の新幹線で三内丸山遺跡を目指したのである。

リニューアルした土偶の展示

6月某日。天気予報によると、この日の青森は雨。ところが、新青森駅に到着すると雨は上がっていた。これはツイてる。

と、思ったのも束の間。新青森駅は、予想に反する混雑ぶりであった。乗車を予定していた周遊バス「ねぶたん号」は、満員で乗れないかもしれない、といわれ、軽く衝撃を受けた。三内丸山遺跡ってそんなに人気なの？

結局、遺跡へはタクシーで向かうことにした。

数年ぶりの三内丸山遺跡には、以前はなかった世界遺産登録の横断幕がはためき、ムンムンと自信がみなぎっているように見えた。感慨にふけるわたしの目の前を外国人の団体客がゾロゾロと歩いていく。ん？　これも世界遺産効果？

社会科見学なのか、引率の先生とともにお弁当を食べている小学生たち。おひとりさまに中年のグループ、若い男女など、とにかくひっきりなしに目の前を通り過ぎていく。

これがキング・オブ・縄文遺跡、三内丸山の実力ということか。

間違いなく、いままでわたしが訪れてきたほかの縄文遺跡と様子が違う。

遺跡がある「三内」という場所は、江戸時代後期の菅江真澄の紀行文『栖家の山』に、「人形の焼き物（土偶）が見つかる場所」として書かれている。つまり、その頃にはちょっと変わったものが土のなかから出てくる場所として知られていたのである。

そして時を経た平成4年（１９９２）。同地に県営野球場建設の話がもちあがったことで発掘調査が始まり、ほかに類を見ないほど大きな集落跡であることが明らかとなったのである。遺跡からは、竪穴建物跡や掘立柱建物跡などの建物類をはじめ、大量の土器、土偶、石器、木製品や骨角器や植物性の編み籠、貴重な大玉のヒスイや長野からはるばるやって来た黒曜石など、ありとあらゆるものが見つかった。さながら縄文人の暮らしのデパートといったところだ。いまでこそ全国各地で発掘、調査、研究が進み、縄文時代の暮らしについて少しずつわかってきているが、１９９２年時点で質量ともに充実した成果を得た三内丸山遺跡は、縄文遺跡界のスターダムにのし上がった。

とまあ、すごい遺跡なのだが、日本で一番多くの土偶が見つかっているのも、ここ三内丸山遺跡である。今回、遺跡を案内をしてくれた三内丸山遺跡センターの佐藤真弓さんによれば、見つかった土偶は「2000点以上です」とのことだった。

それほどの遺跡にもかかわらず、以前、展示施設を見学した時は、重要文化財である大型の板状《ばんじょう》土偶とそのほか数点の土偶が展示してあるだけで、がっかりしたものだった。だが、実はこちらの展示施設は平成29年（2017）にリニューアルしている。わたしにとっては、今回がリニューアル後、初めての訪問となったわけだが、リニューアルによって土偶コーナーが充実したと聞いて俄然テンションが上がった。

それは山脈のごとく立体的に並べられた土器群のとなりに、壁に貼りつくようにズラリと並んでいた。

うわーーーーー！

展示ケースにへばりつく。「さすが、土偶だと反応が違いますね」とほほえむ佐藤さん。お恥ずかしい限りです、はい。

だが、この土偶たちを目にしてテンションが上がらずにいられようか！

これまで見たことがない土偶がたくさんある。

三内丸山遺跡の土偶は、板状で両手を広げたように十字形につくられたものが多い。それが大小のサイズで大量に見つかっている。一見するとどれも似たように思えるが、なんのなんの、どれも表情が違っていていい。怒っているように見えるものから、ぽやっと口を開けたもの、今回見たなかでは「ムホ！」と息まいているかのような、男前な雰囲気の土偶にひきつけられた。

上から下から横からと、壁にへばりつき、床に座りこみ、なんとか細部まで土偶を見ようと格闘する。

そのうちに、あることに気がついた。股のあいだに穴のあいた土偶がちらほらいるのである。

「ムホ！」と男前な土偶
（三内丸山遺跡センター蔵）

「佐藤さん、これ貫通してますか？」ときくと、「貫通してますね」とのこと。三内丸山遺跡の土偶の一部は貫通した穴があいているそうだ。

「土偶の製作時に芯棒を通した痕跡だとか、消化器官を表現しているとか、焼くときに破裂しないように穴をあけたなど、いろいろと説はありますが、はっきりしたことはわかりません」という佐藤さんの説明を聞いて改めて考えてみる。

貫通している土偶としていない土偶の違いはなんだ？

考えたところで、わかるはずがない。ただ胴部を貫くように穴があいているだけのこと。いかようにも考えられる。真実は、土偶をつくった縄文人にきいてみるしかない。

この、わからなさがいい。

なんじゃこれ？　とあれこれ想像しながら見ることに、土偶の醍醐味がある。わたしは、そう思っている。

三内丸山遺跡の実力

さて、いよいよ遺跡の見学のため、展示施設を出て屋外に足を向けた。「ちょっとやりすぎてる」と感じつづけてきた、あの遺跡を見にいくのだ。

がっかりしてしまわないだろうか？　親切な佐藤さんに失礼な発言をしてしまわないだろうか？　わたし、大丈夫だろうか……？

胸に一抹の不安がよぎる。

遺跡への扉を開け、いざ――

あーれー、なんだかとっても気持ちいいー。

おかしい。以前と印象が違う。

黄色と白色の花が原っぱに咲きみだれ、そのあいだに青々とした木々が立ち並んでいる。展示施設から遺跡にかけては、ゆるやかな下り坂になっている。傾斜地の高いところにいるわたしからは、遠くにたつ復元された竪穴建物と美しい原っぱしか見えない。

「佐藤さん、なんかまったく前回と印象が違います」

なんというか、縄文ムラへの没入感がすごい。

「以前はここに木立ちがあったのですが、それを伐採して視界を広げました。この花々は外来種なので縄文時代にはありませんが、それでも雰囲気がいいですよね」と、視界いっぱいに広がる原っぱを見ながら佐藤さんはいう。

おっしゃるとおりだ。この景色だけ見れば十分なんじゃないか？

どっぷり縄文時代にひたるわたしの鼻に漂ってきたのは、生々しいクリの花の臭い。

うお！　これは強烈な!!

雨上がりだからか、よけいに強く臭うのかもしれない。

三内丸山遺跡に暮らした人びとにとって、クリは、食べてよし、建材にしてもよしの大切な資源であった。だから、この強烈な臭いを、きっと彼らは恵みの香りだと思ったんじゃないだろうか。とは思うものの、やっぱり——強烈すぎる。よくこんなところに縄文人は暮らしたよね、と苦笑してしまった。

ゆるやかにくだりながら道はつづき、復元竪穴建物が点在するメインのエリアへとたどり着く。遺跡のボランティアガイドさんの説明を聞きながら、団体客が「すごいねー」という言葉とともにあちらこちら歩いている。そんな声や笑顔を見聞きするうちに、建物を復元しているというのはやっぱり重要なんだな、と思った。「やりすぎてる感がある」なんて思っていたけれど、それは遺跡に行き慣れた人が思うことで、初めて遺跡に足を運んだ人にとっては、必要なことなのだと実感した。

さて、遺跡についてである。三内丸山遺跡はその名があまりにも有名だが、実際のところどんな遺跡か知っている人は少ないのではないだろうか。

ここは縄文時代前期〜中期の大規模な集落跡である。多数の建物跡のほか、おとなの墓が約470基、子どもの墓が800基以上見つかっている。おとなの墓のうち24基が周囲を石で囲んだ環状配石墓という墓で、埋葬されたのは特別な立場にいたおとなだと考えられている。特徴的なのは縄文人たちがつくった山側と海側をつなぐ道路だ。三内丸山ムラに入る時にはこの道を使っていたわけだが、実はおとなの墓はこの道路の両側にあるのだ。つまり、ムラに入るには否《いや》が応《おう》でも先祖の墓の前を通ることになる。

なんという仕掛け！

先祖に守られているように思っていたかもしれないし、いまがあるのはこの人たちのおかげなのだ、という無言の圧を感じていたかもしれない。三内丸山ムラに暮らした縄文人たちは、命のつながりをヒシヒシと感じていただろうなと思った。

ムラはこうして1700年間つづいた。そのあいだに、現在見つかっている600棟以上の建物をつくり、長さ32メートルにもなる大型の竪穴建物、通称「ロングハウス」もつくり、三内丸山遺跡といえばこれ！　の大型掘立柱建物（6本柱の建物のこと）もつくった。

この6本柱建物の復元を改めて見てみることにした。発掘調査時に建物の柱の根元が見つかっているのだが、直径1メートルのクリの木でつくられたという。集落にとって、それはそれはシンボリックな建造物だったに違いない。柱の脇に立ち、嬉々として写真を撮るいまのわたしたちにとってもシンボリックなのだから。

実は、6本柱建物がたっていたのは、復元建物がある場所ではない。実際には遺跡の北の端にあったらしい。現在はドームで覆われているその場所に行ってみることにした。

ドームの扉を開けると少し独特なにおいがする。6本柱建物跡をすっぽり覆っているだけあって、なかはけっこう広い。地面には大きな穴が並んでいた。柱の穴だ。地下水がいままでも湧いていて、水がうっすらと溜まっている穴もある。この穴に柱の根元が残っていたのだ。現在は、柱の根元は保存処理をされ、三内丸山遺跡センターに展示されている。しかし、残された穴の大きさから、実際の柱の太さは十分に察することができた。よくこんな柱を立てようと思ったな、とあきれてしまう。それも6本も。周辺の集落の人びとも集まって、ワイワイいいながら、一種の祭りのように立てたのだろうか。たとえば集落ごとに1本ずつとか？　穴を見ているだけで、想像がふくらんでいく。もちろん、本当のところはわからないのだけれど、これだけ巨大な柱を人力だけで立てたことが、とにかくすごい。

ドームを出て、再び緑に満ちた遺跡を深呼吸しながら歩く。気持ちいい。

「個人的には新緑がきれいな5月がベストシーズンですね」と佐藤さんはいうが、わたしは、今度は冬に訪ねてみたい。雪に閉ざされた遺跡の姿を見てみたいし、体験してみたい。そう思った時に、疑問に行き当たった。

「縄文人たちは、冬は家にこもりきりだったんですかね」

「マダラ（真鱈）の骨が見つかっていますから、冬でも海に繰り出して漁をしていたようです」

驚いた。冷たい海に出ていったのか。ぶ厚い毛皮を着こんで、でかけていったのだろうか。雪道を歩いて海に出るだけで大変なはずだ。たしかに鱈子も白子もおいしいけれど、命をかけて冬の海に出るなんて……。

やっぱりすごいわ、縄文人。

それはいまの漁師さんも変わらないのだけれど。

三内丸山の子どもたち

遺跡の北側にたてられたドーム状の建物を見学することにした。建屋に覆われた子どもの墓域である。地中に棺として使用された土器が埋められており、その穴はどれも小さい。その小ささに、見ていると心が揺さぶられる。

三内丸山遺跡からは、800基以上の子どもの墓が見つかっていると書いた。この数はちょっと尋常ではない。私が知っているなかでは群を抜いて子どもの墓の数が多い。集落が運営されていた期間が長いから、ということもあるのかもしれないが、それにしても多い。そのうち約500基が遺跡の北側に集まっている。ここは、三内丸山遺跡に人が暮らしはじめた頃の、集落の中心地にあたる。近くにおとなの墓もあるが、子どもの墓と混じることはないという。かなり興味深い。

もう一つ興味深いのは、おとなの墓より子どもの墓の方が、いまのところ見つかっている数が多いということ。もちろん、本当はおとなの墓ももっとあるのに、まだ調査で見つかっていないだけ、ということもあるだろう。でも、もしかしたら周辺集落の子どもたちもここに埋葬されていた、なんてことはないのだろうか。

子どもの墓の比較的近くには、あの6本柱建物がたっていた。だから、もしかしたら亡くなった子どもたちが再びこの場所に生まれ還ってこられるように、巨大な6本柱を依代《よりしろ》にしたってことはないだろうか。輪廻転生の目印的な感じ？

柱が立てられたのは、暮らしはじめの頃ではなく中盤以降だ。子どもたちの墓があって、そのあとにわざわざ近くに巨大な柱を立てた。集落の真ん中でもよかったんじゃないのかと思うが、そうはしなかった。

復元された6本柱建物には床板があるが、例えば柱だけだったとしたら依代というのもあり得るのではないか？　だとしたら、巨大な柱を必死になって立てたことにも納得がいく。

いや、それは少し妄想が過ぎるか。

6本柱建物だけではない。墓域は暮らしはじめの頃の生活空間と隣接していて、そばにいるよ、という残された者たちの想いが伝わってくる。子どもが亡くなるのは、いつの時代もつらく悲しい。身を引き裂かれる思いがする。それでも残された者は生きていかねばならない。残された者の悲しみが癒えるのならと、子どもの墓域と生活領域を隣接させたのかもしれない。近くで暮らすことは、残された者たちにとっては、グリーフケアになったのではないだろうか。

小さな子どもの墓穴を見つめ、あれこれと想像するうちに心の動揺はおさまり、あたたかな気持ちに包まれていった。

「やり過ぎててあまり好きではない」で始まった三内丸山遺跡の旅。その印象はあっさりと覆され、まだ遺跡を訪れたことのない多くの人に開かれた遺跡なのだと実感することができた。

それともう一つ。ここは子どもへの愛にあふれた遺跡なのだとも思った。優しさがじんわりとにじみ出るような。縄文人たちの大命題である「命を次につなぐこと」に、彼らが向きあった結果の子どもの墓の数であり、ムラの仕掛けなのかもしれないと思った。

キング・オブ・縄文遺跡は、やっぱりすごかったのである。

所在地

◆【三内丸山遺跡（三内丸山遺跡センター）】
青森県青森市三内字丸山305　TEL017-766-8282

12 煌びやかさのうらに……

―新《にい》沢《ざわ》千《せん》塚《づか》古墳群

奈良県
古墳時代

突然だが、わたしはアクセサリーが大好きである。

あれこれ盛り気味に定番のものを身につけていないと、なんとなく落ち着かない。左の中指にはめている指輪はかれこれ25年もしていて、大げさにいえば、苦楽をともにしてきた身体の一部だ。

そんなわたしが「これ、欲しい！」となった古墳時代の装身具がある。

たまたま「歴史に憩う橿原《かしはら》市博物館」の講演会に登壇者として呼ばれ、その前に館を見学しておこうとフラッと入った展示室にそれらはあった。

キラキラキラキラ……

なにここ、ジュエリーショップか？　と思うような展示ケースとライティング。

キラメキに吸い寄せられるように展示物を見れば、館に隣接する新沢千塚《にいざわせんづか》古墳群からの出土品（復元模造品）だというではないか。

金、銀の地金を惜しげもなくふんだんに使用し、繊細な細工を施した指輪。これ、どうやって髪につけるの？　と思わず首を傾げた特徴的な髪飾り。黄金色に輝くバックルまである。そして、長く垂れ下がるピアスの繊細で美しいことよ！

現代のデザインと見まごうばかりの装身具に「わたし、この人たちと趣味が合いそう」などと失礼ながらに思う始末。

結局、この日は古墳まで行くことはかなわず帰ったのだけれど、どんな人があのきらびやかなアクセサリーを身につけていたのだろうか、といつまでも忘れられずにいた。

それから数年後、再び仕事でこの地に赴くことになった。ずっと胸のなかにあったあのきらびやかな装身具との再会の時がやってきた。そして、今度こそは古墳にも行こうと、前のめり気味に奈良県橿原市に出かけたのである。

緑のモコモコ

今回の目的地、新沢千塚古墳群は奈良県のほぼ中央の街、橿原市にある。東京から新幹線で京都に向かい、そこで近鉄橿原線の特急に乗り換えて大和八木まで。そこからは車で行くことにした。

橿原市やこれに隣接する市町村には、数多くの遺跡が存在する。かつては橿原市域に藤原京という都が置かれたこともあり、この地域は「世が世ならここが日本の中心でしたよね?」というような場所である。——失礼を承知でいうが、いまはそんな面影はまったくどこにもない。

民家と田畑がつづくのんびりとした街を走っていると、なにやらモコモコとした公園が見えてくる。

もしや、あれか? 新沢千塚古墳群は。

以前訪れた時には古墳にほとんど興味がなく、さっさと博物館に入ってしまったために周囲の状況をまったく覚えていない。お恥ずかしい限りだ。しかし、今回は古墳を見ることが目的だから、同じ景色がまったく違うものに見える。目に入るものが違う、といったほうが正しいか。

「あらー、ブロッコリーみたいでかわいらしいわね」と、モコモコから目を離せないまま、車は歴史に憩う橿原市博物館に到着した。

「お久しぶりですね、こんださん」と、ニコニコの笑顔で学芸員の松井一晃さんが迎えてくれた。この松井さん、アイデアマンで地元の高校生を巻きこんでユニークな企画展を開催したりしている。なんというか、学芸員ぽくないのである。考古学の学芸員のなかには「遺物至上主義」という印象の人も多いのだが、語弊があるかもしれないが、松井さんは文化財に対してドライなのだ。いい意味で。展示台に並べて「貴重な文化財さま〜」と遠まきに眺めるのではなく、もっと文化財との距離を縮めて体感しよう！　楽しもう！　という思いがあふれ出ている人なのである。なので「うちは本物の土偶や土器、石器にさわれます」と、かなり早い時期から〝さわれる展示〟を実践していた。壊れる心配はないのか？　と思ってきくと

「直せばいいんです」

そう、笑顔でいわれた。その潔さに腰が抜けるかと思った。

もちろん、そうならないために展示コーナーにはガイドさんもいるし、さわり方のレクチャーが書いてあったりもする。やれることはやったうえで「破損をこわがっていては、文化財を身近に感じることができない」というのが、博物館の考えのようだ。

せっかくなので土偶片にさわる。土偶は見た目よりも重いことが多い。ここの土偶片も小さいのにぎゅっと詰まって重みがあり、「うおー、土偶さわってる！」と気持ちが満たされる。さわって感じること、わかることは、とてつもなく多い。

博物館の展示室は2階にあり、常設展示では、縄文時代から江戸時代までの橿原の歴史を考古資料でたどれるようになっていた。1階はガラス張りの遺物修復スペースになっていて、土器接合など実際の修復作業を目の前で見られたりする。修復作業は非公開の施設が多いが、

文化財との距離を縮めようという博物館の考えが、ここにも反映されている。

きらめく異国のアクセサリー

話を展示室に戻そう。常設展示室の中央に鎮座するのが、ジュエリーショップも顔負けの展示ケースに入れられた、新沢千塚古墳群出土の遺物たちである。こちらも歴史に憩う橿原市博物館渾身の展示だ。平台には置かず、垂直の展示ケースにうまく並べられている。すべての遺物にライトが当たり影になる部分がないよう調整されていて、どれもこれもキラギラとまぶしい。

わたしの心をわしづかみにした、あのきらびやかな装身具は、新沢千塚古墳群のなかの1基、126号墳の副葬品である。前述したが、ここで展示されている126号墳の副葬品は「復元模造品」といわれるもので、古墳から出土した実物は東京・上野公園にある東京国立博物館が所蔵している。復元模造品ということは、実物よりもキラキラさせているんじゃない？　と思われるかもしれないが、東京国立博物館にある実物も相当キラキラしていて、実物を忠実に復元している。

まあ、実物であろうがなかろうが、とにかくこのデザインの素晴らしさが堪能できるのであればいいではないか。

輝きにうっとりし、繊細かつ大胆な細工技巧に驚愕するばかり。

額の脂がついてしまうのではないかと思うほど、気持ちはケースにへばりつき（安全上の理由から、ケースにふれること自体を禁止している館もあるので要注意）、凝視する。


ああ、欲しい。最高やないか。


そこで気になった。これらはどこから来たのか？

新沢千塚古墳群の古墳は、５世紀後半～６世紀前半にかけて最も多くつくられた。１２６号墳から出土した装身具は金製または銀製のものが多いが、古墳がつくられた当時、日本列島では金や銀の文化がない。つまりこれは異国のもので、中国東北部や朝鮮半島からもたらされたらしい。装身具だけではない。ガラスのカット碗や吸いこまれそうな美しいコバルトブルーのガラス皿も同じ１２６墳から見つかっているが、これらはペルシャ地方から運ばれたという。

こうした貴重な異国の品々とともに埋葬されるほど１２６号墳に眠る人物には力があった、もしくは大陸から渡来してきた人だった可能性が高い。

では、この１２６号墳に埋葬された人は、一体どんな人物だったのだろうか。

モコモコの惑星に降り立つ

一度、博物館を出て古墳群を見ることにした。

隣接しているといっても歩いて5分ほど。博物館に来る途中で車窓に見えたモコモコこそが古墳群だ。

新沢千塚古墳群は、1・5キロ四方に全長15〜20メートル前後の古墳が約600基つくられた、いわば巨大な集団墓地である。県道を挟んだ南北の丘陵上に古墳群は広がっていて、お目当ての126号墳がある史跡地内には400基の古墳がつくられた。

車窓からブロッコリーのように見えた緑のモコモコの古墳のあいだを、縫うように歩く。古墳は丘陵をそのまま利用してつくられているから、地面が波打つように上がったり下がったりしてなかなかの運動量だ。そのうえ、小道の両脇に密集するようにモコモコ（古墳のこと）がつくられているから、モコモコの圧もすごくて、まるで違う惑星を歩いているような気持ちになる。

モコモコ、モコモコ、モコモコ、モコモコ……

視界の先がどこまで行っても緑のモコモコという状況は、いまだ体験したことがない。モコモコの惑星を上がったり下がったりしているうちに、見晴らしの良い場所に出た。そこにあったのは四角く土を盛った比較的小さな長方形の墳丘で、開けた先には大和三山の一つ、畝傍《うねび》山が見えた。

小さな看板に１２６号墳とある。

なんと、こんなに小さな古墳なのか。

古墳の大きさは埋葬された人物の社会的立場の大きさを表すことが多い。また、形にもそれぞれ意味があって、四角の古墳に埋葬されるのは大陸に所縁がある人物が多いとされる。つまり、墓の形を見ても１２６号墳に埋葬された人は大陸と強い関係のある人物、ということになる。なるほど、だからあのゴージャスな装身具が副葬品になったのか。

だとしたら、もっと大きな古墳でもいいんじゃない？　副葬品のゴージャスさと古墳の大きさが不釣り合いな気がする。

そんなことを思いながらなにげなく周囲を見まわし、ふと、すぐ隣にある古墳に目がとまった。１０９号墳である。その看板には、武具と一緒に、１２６号墳のものと同じような耳飾りが副葬品として埋葬されていた、と書かれている。武具も埋葬されていたということは、１０９号墳に葬られたのは武人だろうか？　１２６号墳の被葬者と１０９号墳の被葬者、この二人にはなにかしらの関係があったということか。

アクセサリーをお守りに

博物館に戻り、松井さんに話を聞くことにした。

「松井さん、126号墳に埋葬された人ってどんな人なんですかね？」

「実はあまりわかっていないんです。ただ、副葬品から朝鮮半島の加耶《かや》出身の女性じゃないかという研究者もいます」

「え？　女性だったんですか？」

てっきり男性かと思っていた。このあたりは、この女性が首長だったということだろうか。

「それはわかりません。でも、支配グループの上位の人物だったとは思います」

松井さんによると、この丘陵近くの葛城《かつらぎ》山麓周辺には渡来の鍛冶集団が暮らしていた痕跡があり、このあたりは朝鮮半島と強い関係があったと考えられるそうだ。

「こうした朝鮮半島との結びつきがあったからこそ、126号墳の人物も橿原にやって来たのかもしれません」

なんと、加耶から渡ってきた女性だった可能性があるとは。

日本では古墳時代にあたる5世紀の朝鮮半島には、高句麗、新羅、百済、加耶という国があり、なかでも百済と加耶は、当時「倭」とよばれていた日本列島に暮らす人びとと文化的、技術的に深い交流関係にあった。そんな状況下で高句麗が勢力を拡大していき、押し出されるように、戦火を逃れて百済や加耶の人たちが海を渡って日本列島にやって来たという。

126号墳の女性も、橿原市周辺に居を構えていた渡来の人たち（加耶の人？）を頼ってこの地に逃れ、暮らしたのかもしれない。ゴージャスな装身具を見る限り、加耶でも高貴な立場にいた人だったことは容易に想像がつく。とにかく命だけはと、109号墳に埋葬された武人を護衛につけて逃げてきたのだろうか。

想像すればするほど、126号墳に埋葬された人物が悲劇のヒロインに思えてくる。

126号墳の装身具は、彼女にとってどういうものだったのだろうか？　ふだんから身につけていたかはわからないが、亡骸とともにあるということは、よほど大切な品だったことは想像に難くない。冒頭で、長年つけているアクセサリーは身体の一部だと書いたが、彼女にとってもそうだったのではないだろうか。

故郷と自分をつなぐ大切なアクセサリー。

もしかしたら彼女の親族から贈られたものかもしれないし、愛する人からもらったのかもしれない。

妄想だけがふくらんでしまうが、モノには背景があるのだ。

それと同時に、はたと気がつく。戦火を逃れて倭に渡ってきたと書いたが、これはいままでも世界各地で見られる光景だ。

メディアを流れる映像はどれも悲惨で目を覆いたくなるものばかり。それと重ね合わせると、倭に渡ってきてからの彼女の心情はどんなものだったのか。

自分だけ命が助かったという事態に生き喘いだかもしれない。

助かった命だから、とにかく懸命に生きねばと異国の地で奮闘したかもしれない。

——事実はなにもわからないのだけれど。

1600年前の奈良の地で暮らしたまったく知らない人に対して、自分でもおかしいとは思うけれど、異国の地で命を終えたことを思い、心を寄せてしまうのは、同じ女性だからだろうか。

どうか安らかに眠ってほしいと思わずにはいられないのである。

所在地

◆【新沢千塚古墳群（新沢千塚古墳群公園）】

奈良県橿原市川西町855-1　TEL0744-26-6201

◆【歴史に憩う橿原市博物館】

奈良県橿原市川西町858-1　TEL0744-27-9681

13

海へ、漕ぎ出す
——三《み》浦《うら》半《はん》島《とう》海《かい》蝕《しょく》洞《どう》窟《くつ》遺跡

神奈川県
弥生時代

「こんださん、洞窟遺跡を見にいきませんか」

編集部にそういわれ、二つ返事で行くことにした冬晴れの某日。待ち合わせは京浜急行の三崎口駅である。三崎口といえば、マグロ。それしか頭にないわたしは「昼食はマグロだな」などと思いながら、編集部のKさんと一緒に、今回ガイド役を引き受けてくれた千葉毅さんを待った。

千葉さんは神奈川県立歴史博物館の元学芸員で、「洞窟遺跡を掘る」という特別展を企画した人。ガイドとしてはうってつけの人というわけだ。

しばらくすると千葉さんが黄色い車でにこやかに登場。さっそく旅が始まった。

「洞窟に行く前に、まずはこの遺跡を見ておこうと思います」と、千葉さんのいうまま車に乗って坂をのぼること数分。現在はなにもないただの空き地に、「国史跡赤坂遺跡」という標識が立っていた。

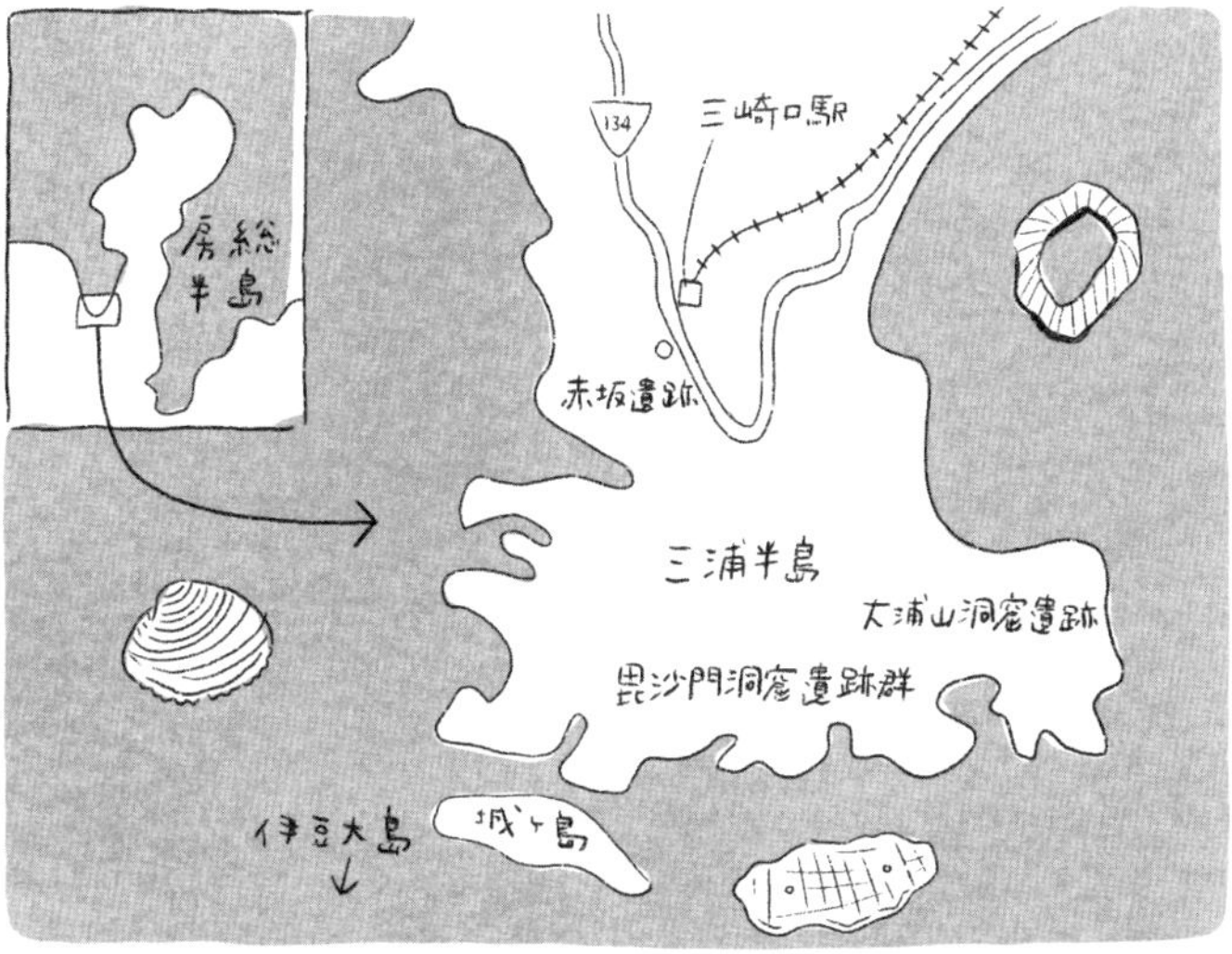

三崎口のある三浦半島南部はその南端まで台地が広がり、赤坂遺跡は台地の突端にある。

「こんださん、ほら見てください、あっちに富士山が見えますよ」

目の前には深緑の葉を勢いよく茂らせている特産の三浦大根の畑が広がり、その向こうに真っ青な相模湾と白く冠雪した美しい富士山があった。

なんとまあ、素晴らしい景色なんだ。

西日本に長く暮らしたわたしにとって、富士山は新幹線のなかから見るもの。いまだにそう思っていたのに、こんな台地の上から富士山の神々しい姿が拝めて、そのうえ、海まで見える。

「わたしが弥生人なら、絶対ここに住むわ」

「本当に気持ちのいい場所ですよね」と千葉さんが応じてくれた。

赤坂遺跡は三浦半島最大の弥生時代集落跡なのだそうだ。

「集落は弥生時代中期から古墳時代前期の前半までつづきました。遺跡では直径2メートル、深さ1・5メートルの柱穴が四つ見つかっていて、相当大きな建物がたっていたことがわかっています」

そんな大きな穴を掘って巨大建物をたてる必要があったってことか。穴を掘るのも柱を立てるのも相当な人手が必要だったはずで、この集落は三浦半島に暮らす人たちにとって大切な場所だったのだろう。

こんなにきれいな富士山が見えて、交通の要衝になるような場所だったとしたら、人は自然と集まるよな、などと思いながら再び車に乗りこみ、目的地の洞窟遺跡を目指すことにした。

本当に人を食べたのか？

過去にも洞窟遺跡に行ったことがある。ヘルメットと長靴を履き、懐中電灯を持って、上から水滴がポタポタと落ちてくるなか、そろりそろりと奥へとつづく通路を歩いたのだが、こんなにじめっとしたところに暮らせるのか？　と思った記憶がある。

特別展「洞窟遺跡を掘る」の図録によれば、厳密に区別することは難しいが、洞窟は入口の大きさよりも奥行きが深いものを指し、入口よりも奥行きが浅いものを岩陰というらしい。では三浦半島はどちらのタイプかといえば、長い年月をかけて波によって崖面が削られた「洞窟」である。これを海蝕洞窟という。

興味深いのは、洞窟が形成されているあいだに大地が隆起して洞窟が上昇、それによって波の侵食が止まり奥行きが深くなりすぎていないという点だ。そこそこの奥行きであれば湿気もこもりにくく使いやすい。そうして人間によって使われた洞窟が、三浦半島で現在までに40カ所ほど見つかっている。

まず、そのなかの一つ、大浦山《おおうらやま》洞窟遺跡に行くことにした。

海岸そばの駐車場に車をとめて、遺跡に向かう。この日は風もなく、目の前に広がる相模湾はおだやかで水面がキラキラと美しい。

「向こうに見えるのが房総半島です」といわれて驚きつつ目をやれば、かなりはっきりと山並みが見える。

「ええ！　房総半島が見えるの？」

房総半島は千葉県、そしてわたしたちがいる三浦半島は神奈川県。房総半島は東京湾の向こう側のはずだ。こんなに近いとは思わなかった。

「これは舟で渡るわ。泳いでだって行けそうな気になる」

興奮するわたしとは対照的に、千葉さんとKさんはニコニコと笑っている。千葉さんによれば、このあたりが三浦半島と房総半島が一番近づくポイントなんじゃないかというのだが、そんなところにある洞窟遺跡となれば、互いに行き来するための待合場所として使われたのではないか、と妄想してしまう。

とにかく洞窟を見てみなければ。

さっそく向かったはいいのだが、草木が鬱蒼と生い繁り、道があるのやらないのやら。

「ここ登るんですか?」とひ弱なことをいうわたし。

「当たり前です」と千葉さん。

洞窟の入口は標高6メートルほど。海蝕洞窟といわれても、あまりピンとこないほど体感として高い場所に入口がある。

やっとのことで入口にたどり着き、なかへ。奥まで見渡せて、湿気は感じるがそれほど嫌な感じはない。

ここからは弥生時代中期後半・後期〜古墳時代前期・後期と平安時代の品々が見つかった。特に弥生時代後期〜古墳時代前期のものが多く、人骨も出土しているという。しかも、なかには顔面を割られ、眼球をえぐり取られて脳みそも掻き出された跡が残るものがあるそうだ。

「これを調査した人類学者の鈴木尚先生は、強い憎しみを帯びた殺戮としてその肉を食べたと報告しています」

さらっと千葉さんは話すが、あまりに衝撃的で頭がついてこない。殺した相手の肉を食べるだろうか。それも憎んでいる人の肉なんて。わたしなら絶対に食べたくない。

困惑するわたしの横で「中国では、辱めを与える意味で、殺したあとに食べるという行為がおこなわれたといわれていますよ」と教えてくれたのはKさんだ。Kさんは、学生時代に中国考古学を研究していたという。

それならアリかも。いや、どうかな。憎い奴の肉なんて、わたしはやっぱり食べられない、と思うけれど、これは現代人のわたしの感覚だ。大陸の文化をもった人による食人ということはあり得るかもしれない。とはいえ、本当に食べたのかな。そもそもどうして食べたといいきれるのかな？　見つかったのは頭骨だけだよね？　食人という報告に、どうにも納得しきれないわたしがいる。

波待ちの洞窟

行けども行けども大根畑が広がる大地を縫うようにして、車を走らせる。

次に向かったのは、毘沙門《びしゃもん》洞窟遺跡群である。駐車場から海岸沿いを歩いて10分ほどの場所にあるという。

太平洋を左手に見ながら、波食棚《はしょくだな》といわれる白と黒がストライプ状になった岩場を歩く。もともとここは海底で、海底火山が吐き出した噴火物の違いによって黒い層と白い層になっているという。

なんといったらいいのか、三浦半島の海岸線を歩くと地球を感じずにはいられない。いま目の前に広がる光景は、海と大地がせめぎ合った結果つくり出されたもので、そこには気が遠くなるほどの時間が流れている。ボコボコとしたストライプの波食棚は、明らかに日常とは違う場所に連れてこられたことを実感させてくれる。右側には反り立つ崖がつづいていて、こちらもまたむくむくと噴き上がるような大地のエネルギーを感じる。

ああ、いい場所だな、と思いながら歩いていると「あっちに房総半島、こっちに伊豆大島が見えますよ」と千葉さんから声がかかった。

目の前に広がる海に目をやると、おっしゃる通りの景色が広がっているではないか。


ちょっともう、わけがわからない。

なんだ、ここ。

陸地の先端に身を置かないと決してわからない房総半島と伊豆大島の距離感。

左を見たら房総半島、右を見たら伊豆大島って。

ああ、頭の中がぐるぐるする。

こんな場所を弥生人たちは見つけ、海へと漕ぎだすための大切なポイントにしたのか。

毘沙門洞窟遺跡群は、そこからもうしばらく歩いた先の崖にあった。群というだけあって、洞窟は一つではなく横並びにポコポコと幾つか穴がある。ここは海岸線よりもぐっと奥にあり、話によれば関東大震災で大地が隆起して現在の高さになったという。

地震により上昇した入口は、これまた鬱蒼とした草木の先にあった。また登るのか。海岸洞窟なのに。どれもこれもなんかちょっとイメージが違うな、と思いながら、草木をかき分け毘沙門B洞窟に到着した。

そこは残されているなかでは比較的人が訪れやすく、ある意味シンボリックな場所だった。洞窟のなかに入って振り向けば、バーンと目の前に広がる海、そしてはっきりと伊豆大島が見えた。洞窟のなかから眺める海はどこまでも明るくまぶしい。

なんとなく、黄泉《よみ》の国の入口から見るこの世の景色に思えた。

それほど洞窟内と外界に広がる世界にははっきりとした明暗があった。

毘沙門洞窟遺跡群からはたくさんのアワビの貝製品が見つかっているそうだ。アワビを獲ってここで製品に加工していた、つまりこの遺跡は加工場だったらしい。

でも。

「ここ、伊豆大島に渡るための波を待った場所かもしれないですよね」

千葉さんにきいてみた。

「それもあったと思いますよ」と返ってきた。

つながる洞窟

今回、二つ返事で三浦半島に足を運んだのには、実はわけがあった。

以前、べつの仕事の取材で聞いた話なのだが、もとは紀伊（和歌山）の湯浅でつくられていた醤油が、黒潮に乗ってやって来た紀伊の人たちによって銚子に伝わり、一大生産地になったのだそうだ。江戸時代の話である。

この話を覚えていたわたしは、先史時代の人たちも、各地に寄港しながら黒潮に乗って行き来していたんじゃないか、と思ったのだ。

だとするならば、三浦半島は房総半島に行く手前の寄港地としてうってつけではないか。

中村勉著『海に生きた弥生人　三浦半島の海蝕洞穴遺跡』（新泉社）によれば、三浦半島にある海外《かいと》1号洞穴から人骨とともに見つかったカツオ漁用のルアーは、実用的なものではなく儀器的なものだという。類似のものが和歌山県の磯間岩陰遺跡で発見されていて、人骨の埋葬方法も類似することから、紀伊半島と三浦半島の人びとに交流があったと想定している、と書いてある。

まさにビンゴ！　ではないか。先史時代から、人は黒潮を味方につけ、交流していたのだ。

では、黒潮に乗ってやって来た人たちは、この地でなにをしたのだろう？

ここで登場するのが、前述した赤坂遺跡である。赤坂遺跡から三浦半島の海蝕洞窟までは徒歩で1時間半ほど。そのくらいで着くのであれば、黒潮に乗ってやって来た弥生人たちが次は徒歩で内陸に赴くために赤坂遺跡を経由した、ということは考えられる。旅人たちは各地から自慢の土器や特産品を持って赤坂集落に集まり、情報と物の交換をした。だから、直径2メートルにもなる穴を掘って巨大な建物をたて、拠点集落としての面目を保つ必要があった。

では、赤坂集落の人はなにを交換財にしたかといえば、洞窟でせっせとつくった貝製品である。ふだんは赤坂集落で暮らし、海に出ては貝を採集し製品に加工する。完成品を集落に持ち帰り、黒潮に乗ってやって来た人との交換財にする。このような推測は前述の本に記載されていることであり、わたし自身も同様の想像をしたのである。

三浦半島の海蝕洞窟をめぐって思ったのは、人の好奇心は凄まじい、ということだ。

「黒潮に乗って」というのは簡単だが、いまのように装備があるわけでなく、木造の舟に

最低限の食料を積んでの航海である。それも人力で。伊豆諸島に向かう人などは「黒潮に乗って」どころか「黒潮を乗り越えて」いかねばならない。

なんでそんな危険なことをする？

房総半島や大島が目で見える距離にあるから？

貴重な貝が獲れるから？

えいや！　と海に漕ぎ出した先史時代の人びとの胆力と行動力には、感嘆するほかはない。


人間は本当にすごい。


ひるがえって、自分の弱っちい精神力にため息がでる。

人間の力を存分に発揮しながら生き

ているのか。

毘沙門洞窟遺跡に立ち、大海原を眺めながらそんなことを思うのだ。

所在地

◆【赤坂遺跡】　神奈川県三浦市初声町三戸232ほか

◆【大浦山洞窟遺跡】　神奈川県三浦市南下浦町松輪

◆【毘沙門洞窟遺跡群】　神奈川県三浦市南下浦町毘沙門

14

ワンダー・オブ・石棒
―塩《しお》屋《や》金《きん》清《せい》神《じん》社《じゃ》遺跡

岐阜県
縄文時代

「岐阜は不思議なところだわ」

いつかの宴の席のこと。

「こんださん、岐阜出身だよね？　おもしろいから深掘りしてみたらいいよ」といわれ、ぽかんとしてしまった。

こんなことをわたしにいったのは、かつて某テレビ局に勤めていた人だ。小学生の頃のわたしは、その人がつくった番組にドはまりし、テレビにかぶりついて見ていた。わたしにとって神のような人だ。

わたしの神が「岐阜は不思議な場所だ」という。

ぽかん……。

なにが一体どう不思議でおもしろいのか、まったくわからない。

ほどなくして、今度は「飛騨は縄文時代のベッドタウンだった」という文化財関係者に出会った。

ええ!?　あんなに山深い場所がベッドタウン？

実際、山がちな岐阜県のなかでも飛騨地方は特に山深い。たしかにわたしは岐阜県出身ではあるが、三重県境という南の端で生まれ育った。わたしにとっての飛騨は、夏の家族旅行で下道を6時間以上かけて車で行くような場所だった。あの山深くて遠くて行きづらい飛騨がベッドタウンだったなんて、不思議なことを聞いてしまった。

その後「飛騨に日本一の縄文の遺跡がある」ことも知ってしまった。

これは行かねばならん……と思うものの、尻込みしてしまう。それほどに、飛騨は遠い。そして行きづらい。東京に住んでいるわたしが飛騨へ行くには、まず東京駅に出て名古屋へ、特急に乗り換えて在来線の最寄り駅へ。合計で7時間ほどもかかる。そうだ、北陸新幹線という手もあるんだった。だったら、東京駅から北陸新幹線に乗って、富山で在来線に乗り換えて最寄り駅へ。このルートでも5時間。

そんな場所にどんな日本一の縄文遺跡があるかというと、石棒《せきぼう》生産量日本一の遺跡だ。男性器を模した石の棒、「石棒」。縄文時代の祭祀の道具と考えられている。

なにをしとるんや、飛騨の縄文人たちよ。

たしかに不思議でおもしろい。独特すぎる。きっと石棒をつくらずにはいられなかった理由があるはずだ。これは現地に行ってみなければなるまい。全国に誇れる縄文遺跡が地元岐阜にあるというのに、距離に負けていては縄文好きの名が廃る。それに、とことん石棒にこだわった飛騨の縄文人、きらいじゃない。むしろ、好き。

「石棒日本一」に背中を押されたわたしは、ようやく重い腰を上げたのだった。

縄文時代のベッドタウン

遺跡の名前を塩屋金清神社《しおやきんせいじんじゃ》遺跡という。

なんだか光り輝くありがたい遺跡のような気がしてくる。

一体どんなところなのだろうか、と心躍らせて、待ち合わせの駅まで7時間の旅路を行く。名古屋から飛騨に向かう特急は、岐阜県をひたすら北上する。次第に住宅が乏しくなり、列車は山深い場所をうねうねと縫うように走る。車窓に見える山との距離が近い。緑の重なりに、えらい内陸部に来たなと実感する。

待ち合わせ場所であるJR高山本線の飛騨古川駅に到着した。駅前には、こじんまりとしているが古い町並みが残り、岐阜県を代表する観光地・高山とセットで訪れる人が多い場所だ。遺跡の最寄り駅は少し先になるが、飛騨市教育委員会の三好清超さんが飛騨古川駅まで迎えにきてくれていた。

7時間の旅路で空腹は最高潮。駅前で腹ごしらえをして、まずは塩屋金清神社遺跡から見つかった石棒が展示されている飛騨みやがわ考古民俗館で、実物を見てみることになった。

車中で三好さんから飛騨市に関していろんな話を聞いた。

飛騨市は、2021年現在人口が2・3万人。少子高齢化はほかの地域よりも30年先を行くスピードで、高齢化率は39％。人口減少先進地でもあるという。市全体の93％を森林が占め、そのうち7割が「広葉樹天然林」というあまり聞きなれない自然の山が覆っている。市域は豪雪地帯または特別豪雪地帯という環境。聞けば聞くほど飛騨市の環境は厳しい。

一方で、縄文時代はベッドタウンだった、という人がいるほど、多くの遺跡があり、多くの縄文人が暮らした。縄文人にとっては暮らしやすい場所であったらしい。

宮川が流れるすぐ脇に飛騨みやがわ考古民俗館はあった。

とても立派な施設で驚いたが、春と秋の年間30日しか開館していない。人口減少の影響によるのだそうだ。

考古資料は、旧石器時代から縄文時代までが展示されていた。もちろん目玉は石棒ではあるが、獣とおぼしきものが付いた土器や、土偶もある。土器は北陸の影響が見られるらしい。わたしが特に気に入った土偶は、長野県茅野《ちの》市の国宝土偶「縄文のビーナス」にどことなく似ている気がした。

なるほど、たしかにこの地域はベッドタウンになるかもしれない。山のなかだが、富山方向へ抜ければ日本海へと出られる。日本海に出てしまえば、海路で東北地域にも行けるはずだ。一方、山の稜線や川を使えば長野方面への行き来もたやすいだろう。

実際に縄文人がつくったもののなかに交流の痕跡を見つけ、「飛驒は縄文時代のベッドタウンはさもありなん！」と気持ちが盛り上がってしまう。

さあ、次はいよいよお待ちかねの石棒だ。

祈りの石棒づくり

塩屋金清神社遺跡は、館の脇を流れている宮川右岸の階段状に盛り上がった（河岸段丘《かがんだんきゅう》）上にある。

明治の頃にはすでに石棒がたくさん見つかる場所として知られていたらしい。平成4年（1992）から5年（1993）にかけておこなわれた発掘調査では、縄文土器のほか、つくりかけを含む石棒、石棒を製作した際に出た石屑、石棒を製作する時の道具として使われたであろう石器などが見つかっている。

三好さんによると、遺跡に隣接して広がる山が石棒の石材の産地らしい。

なんだ、この距離感は。産地と加工場所がとなり合っていたのか。山に入り、石棒にする石を採取して皆で運び出し、川沿いで賑やかに作業していた縄文人たちの姿が見えるようだ。これは理にかなった場所だ。

塩屋金清神社遺跡で見つかった石棒は１０７４本にもなった。通常、一つの遺跡から石棒が見つかったとしても数本程度。それが１０００本以上あるなんて破格としかいいようがない。なんでこんなに大量に。不思議だ。

しかも、石材の原産地がわかっていて、つくりかけの石棒も見つかっている。つまり、石棒づくりに関わる一連の工程が解明できる非常に珍しい遺跡なのである。

展示室でも石棒を見ることはできるが、今回は特別に収蔵庫にある石棒を見せてもらえることになり、つくりかけの石棒も見せてもらった。コツコツと石の表面を叩きつづけたものの、途中でやめてしまっている。

なんで製作をやめたの？　ここまで叩いておいて。

「石棒づくりは、石で表面を何千回も叩くんです」

三好さんの言葉を聞いて、意識が遠のきそうになった。

まるで修行ではないか……。

あれ？　もしかしてその修行のような行為に意味があったんじゃないか？

頭のなかがぐるぐると動き出す。

大きな石棒をともにつくることで共同体の結束を強化した、ということを聞いたことがある。東日本でおもにつくられたストーンサークルも、同様の理由がいわれる。たしかに、それもあると思う。

でも、それならなぜ途中で製作をやめた石棒があるのだろう。

もしかしたら、完成した石棒に意味があるのではなく、仏師が無心に鑿《のみ》を入れるように、石棒をつくる行為そのものに意味があったのではないか。石棒づくりは祈りの行為のひとつであり、皆で「コツコツ」と叩くリズムとともにトランス状態に陥り、つくること自体が「まつり」になったんじゃ？


コツコツコツコツ……。

コツコツコツコツ……。

コツコツコツコツ……。

コツコツコツコツ……。


妄想が広がっていく。

なかにはまったく手つかずの石の棒（「石棒」と呼んでいいものかどうか、憚られてこの言葉）もあった。これも未製品と片づけることもできるが、彼らにとってはそのままの姿で意味がある、ということもあるかもしれない。この遺跡の調査担当者の一人が、そのような話をしていたことが頭をよぎった。

彼らにとって、石棒とはなんだったのだろうか。そもそも、大量に石棒をつくる必要がどこにあったのだろうか。

石棒は大地のおすそ分け

暗くなってしまう前に急いで原産地の山に行くことにした。石を採取したり、持ち帰ることはできないが、山道から石材の露出する山肌を見ることができるのだ。

前日に雨が降ったようで山道はぬかるんでいた。すべって転んではいけないと、屁っぴり腰で山道を登る。だんだんと外界の音が遮られ、静かな林のなかへと分け入っていく。

「山肌を見てもらえますか?」という三好さんの声に横を向くと…

山肌から棒状の石が突き出ているではないか。

なんて不思議な光景なんだ。
「この山は柱《ちゅう》状《じょう》節《せつ》理《り》でできていて、こうしてグラグラになったものをスポンと抜けば、石がとれるんです」とゴトゴトグラグラ揺れる石に軽くさわりながら、三好さんが説明してくれた。

目が点になる。

思っていたのとまったく違った。てっきり、石を切り出しているのかと思っていた。
「足元を見てください。ほら、原石が落ちてる」

湿った地面におとなの前腕ほどの太さと長さをもった石の棒が転がっていた。それも何本も。いずれも考古館で見た「手つかずの石の棒」とそっくりだった。わかっていたが、目の前にポロンと落ちていると「本当にそのままなんだ」という衝撃があった。

「すでにこれ石棒ですよね」というと「そういうものを含めると、実際はかなりたくさんの石棒が縄文時代にはあったんでしょうね」と、三好さんは笑う。

実はわたし、各地で石棒を見てきたものの、その原石がどういうものなのか、見たことがなかった。というか、関心がなかったというほうが正しい。ところが、ここの原石は角柱状で、原石のままで「石棒」なのである。

石棒は縄文人の手にかかる前からすでに石棒なんだ。

ふと、ある考えが頭に浮かぶ。

縄文人たちは、山肌からボコッボコッと落ちてくる石を見て、これは大地からの贈り物だ、と思ったんじゃないだろうか。

すべての命を育む大地が、剝がれるようにして落ちてくる。それは大地が新陳代謝しているようでもある。だから縄文人たちはそれを持ち帰り、そのまま大切にしたり、男性器を模した形に仕上げた。大地から贈られた〝命のもと〟で人間の命に欠かせない男性器をつくりながら、子孫繁栄を願う。

静かな山中で足元に転がる石の棒を見つめていると、そんなことが頭に広がっていく。

この石は塩屋石《しおやいし》という。この塩屋石でつくった石棒が北陸で見つかっているのだが、塩屋石はここでしか採れない。つまり、ここでつくられた石棒が北陸まで運ばれた、ということだ。北陸の人が来たのか、飛騨の人が持っていったのかはわからないが、この「大地から贈られた石」はきっと双方にとって重要な意味をもっていたのではないだろうか。

「塩屋金清神社遺跡は石棒の生産センターである」という研究者もいる。生産センターであるとともに、塩屋石というこの地にしかない財産が周囲の人びとを引き寄せ、人が行き来する場所になり、そしてベッドタウンになった。この場所には日本一多くの石棒が残され、きっともっと多くの石棒が周辺に渡ったんじゃないだろうか。

改めて山のなかを見渡し、なぜだか神妙な気持ちになった。

またしても屁っぴり腰で山道をくだり、無事に帰路に着いた。その電車のなかでわたしは考えていた。

現代の飛騨市が「関係人口」という〝飛騨市に関わる人びと〟を増やそうと石棒を活用したプロジェクトを展開している。それは市の存続を図る方策の一つだ。わたしが飛騨の山中で想像したように、飛騨の縄文人たちが集団を維持するために石棒を使って子孫繁栄を願ったのだとしたら、そして現代もまた生き残りをかけて石棒を使って周辺地域とネットワークをつくっていくのだとしたら、いつの時代もこの地では石棒が人をつなぐのかもしれない。

石棒とはなんて不思議でおもしろいんだろう。今回の旅でわたしは確信した。

飛驒には石棒が欠かせない。

所在地

◆【塩屋金清神社遺跡（飛驒みやがわ考古民俗館）】

岐阜県飛驒市宮川町塩屋104

TEL0577-73-7496（飛驒市教育委員会文化振興課）

＊飛驒みやがわ考古民俗館は開館日が年間で30日程度のため、訪れる際は事前に要確認。

＊塩屋石を産出する区域は山道に沿って見学のこと（山中への立入り不可）。石材の採取・持ち帰りは禁止。

15 おだしの国のイボキサゴ汁

――加曽利《かそり》貝塚

千葉県
縄文時代

「え?貝塚ってごみ捨て場じゃなかったんですか!?」

拙著『知られざる縄文ライフ』(誠文堂新光社)のサブタイトルである。このフレーズ、多くの読者に「そう思っていましたよ」といわれたわけだが、わたしが学校で貝塚について習った時には、たしかにそういわれていた。

しかし、発掘や研究が進み、自分たちをとりまく有機物、無機物の役目が終わった時、「ありがとう」の想いを込めて儀礼をおこなう場所だったんじゃないか、と考える研究者が出てきた。縄文人にとって貝塚は、単なるゴミ捨て場ではない、というわけだ。

食べたものの残滓もあるけれど、人骨もあるし、埋葬された犬の骨もある。土偶もあれば土器や石器もある。ありとあらゆるものが、貝塚を通して天に送り返される。

とまあ、これは証拠があるわけではないけれど、単にゴミとはいいきれないような出土品の内容を見ているとそう考えずにはいられない、といったところだろう。

そうか、貝塚は縄文人にとって特別な場所であり、それを発掘する現代人にとっても当時の暮らしの痕跡が残る宝の山となったか。

ということで、貝塚に興味をもったわたしが初めて貝塚に行くなら、と選んだのは、千葉市にある特別史跡加曽利《かそり》貝塚である。

日本にはおよそ2400カ所の貝塚があり、そのうち千葉県に700カ所も存在している。

おそるべき貝塚大国、千葉。

そのなかでも千葉市の加曽利貝塚は、特別史跡という遺跡界の国宝相当に指定されたスペシャル感満載の貝塚なのである。

旅をしたのはいまから数年前。それから何度も行っているのだけれど、せっかく行くならいろいろ体験もしてみようと、いつもとはちょっと違う遺跡旅をした時の話をしたい。

臭いはあったか、なかったか

加曽利貝塚はふつうの住宅街のなかにある。JR千葉駅から千葉都市モノレールに乗っておよそ20分。桜木駅という駅で降りて住宅街をテクテク歩くこと15分。本当にこんなところに貝塚があるんだろうか、と疑心暗鬼になりかけた時に入口の看板が見えてくる。

ここは遺跡から出土したものを展示、保管している千葉市立加曽利貝塚博物館と、その前に広がる公園として整備されている加曽利貝塚縄文遺跡公園からなる。

訪れたのは初夏の頃。公園を覆う緑の草の絨毯が清々しい。当時案内してくれた千葉市教育委員会の木口裕史さんは「ただの公園だと思っている方も、けっこう多いかもしれない」と笑うが、子どもたちが遊びにきたり、小さな子ども連れのお母さんたちがお弁当を食べている姿は、地域にとけこむ遺跡として良いのではないか、と思ったりする。さらに、そこから博物館に足を踏み入れて地元を知る、という流れができれば、万々歳じゃないだろうか。

さて、加曽利貝塚について少し説明しておこう。この地に人が暮らしはじめたのは、いまからおよそ7000年前のこと。その後、二つの時期に分かれて巨大な貝塚がつくられた。一つは北貝塚とよばれる直径約140メートルのドーナツ状の貝塚で、縄文時代中期（いまから約5000年前）につくられたそうだ。もう一つが南貝塚とよばれるもので、縄文時代後期（いまから約4000年前）、馬の蹄のような形に貝塚がつくられた。長径は約190メートルと、北貝塚よりもひと回りほど大きい。いずれも約2メートルもの高さに貝などが積み重なっている。二つの貝塚はとなり合っていて、上空から見ると8字状につながっているという。貝の堆積の下やそのまわりに集落が広がっていて、5000年前〜3000年前までのおよそ2000年間、この場所で繰り返しムラがつくられていたらしいのだ。

2000年間といえば、紀元後の時間とほぼ同じということだ。なんと長いことか。それだけ暮らしやすい場所だった、ということになるのだろう。

それでは、この遺跡のシンボルである貝塚を見てみようと、公園内につくられた北貝塚貝層断面観覧施設に向かった。この施設は半地下につくられていて、その名のとおり貝塚の断面を発掘時のまま保存し、観察できるというものだ。

扉を開ける。

うわ――――――ん

施設内に漂う〝なにか〟に気圧される。鳥肌が立つ。

つぶつぶつぶつぶ……

そこにはビッシリと、そりゃもうビッシリと、折り重なるように貝が積まれている。

クンクン、クンクン――なんとなく貝くさいように感じるのは気のせいか。視覚でとらえたはずなのに、なぜか嗅覚にまで貝が押し寄せてくる。

もはやこれは、縄文人の狂気だ。

積み重なる貝の7〜9割がイボキサゴという直径2センチほどの貝なのだが、その小ささが余計に狂気を増幅させる。

だって、そんな小さな貝を高さ2メートルにまで積み上げるって尋常じゃない。長い年月をかけたとはいえ、だ。ただの貝が積み重なっているだけなのに、こんなにもぐるぐると脳内をかき乱される。2メートルの積み重なりに、彼らの生きることへの執念を感じ、おののいていたのかもしれない。

そして施設から出てふと思った。

これ、当時は相当に臭ったんじゃあるまいか。

いや、臭わないほうがおかしい。だって、貝が2メートルも積み上がって直径約140メートルとか190メートルとかになるのだ。風化はしていくだろうけれど、塵も積もれば山となるで、けっこうな臭いが漂っていたはずだ。そこに住みつづけるって、すごい。

においというのは、脳の原始的な部分に干渉して記憶に結びつくといわれている。そう考えると、加曽利の縄文人たちは、あえて臭いを受け入れ、２０００年間も住みつづけたのではないだろうか。

この臭いがあるからこそ我が集落。

臭いはアイデンティティ。

においは癖になるし、慣れるとわからなくなるともいう。

目の前に広がる緑の草の絨毯は清々しいままだ。思わず深呼吸してしまう自分に笑ってしまう。

干潟でイボキサゴ狩り

貝塚の、いや、縄文人の狂気に当てられたわたしは、木口さんと一緒に車で移動し、木更津市の盤洲干潟へイボキサゴを採りにいくことにした。加曽利に暮らした縄文人たちとは違う場所だったとしても、貝採りを追体験してみたかったのである。

遺跡には当時の船着場とされる場所がある。集落のある台地からゆるやかな坂をくだった場所に坂月《さかつき》川という川が流れていて、ここに船着場があった可能性があるという。当時はここから丸木舟に乗って、5キロほど離れた海岸に貝を採りにきていたと考えられている。足首まで海水に浸かりながら干潟をずんずん歩く。光を反射して、キラキラと海面が揺らめき、美しい。縄文人もこんなことを思いながら干潟を歩いたのだろうか。いや、「今日もたくさんイボキサゴを採ってやるぜ」と思ったに違いない。砂に足をとられながらそんなことをツラツラと考える。そうして歩くこと30分。干潟と海の境目に到着。いよいよイボキサゴ採りである。

ザクっと砂に目の粗いザルを入れる。そして持ち上げると砂がバラバラと下に落ちて貝が残る。それもたくさん残る。ザルいっぱいのイボキサゴ。

なんじゃ、この採れぐあいは！

オールイボキサゴである。ものの15分ほどで、用意したバケツには入りきらないほどの量になってしまった。採りすぎ注意と初めに木口さんがいったのは、これだったか。

ああ、だからあんなに巨大な貝塚ができたんだな、と納得がいく。身の危険はほぼないといっていいし、時期さえ間違わなければ、いやというほど簡単に食料が手に入る。そりゃあ、採りにくるよな。

それにしても、丸木舟でやってきた縄文人は、どうやってイボキサゴを持ち帰ったんだろう。

土器に入れた？　いや、干潟まで丸木舟では近寄れない。ということは、イボキサゴをどっさりと入れた土器を持って、丸木舟まで戻ったってこと？　それはいくらなんでも重たすぎる。だったら、植物で編んだ籠やムシロのような敷物に、ザザッと貝を入れて運んだのかも。

再びツラツラと考えながら干潟を歩いて車に戻り、採ったイボキサゴを遺跡公園に運びこんで、特別にイボキサゴ汁をつくることになった。場所は復元した竪穴住居内、鍋は手づくりの土器鍋である。

木口さんに手伝ってもらいながら弓ぎり式でやっとのことで火をおこし、床につくられた炉に種火を移す。そして火を着ける。これだけで汗だくだ。

そこに土器鍋をかける。鍋が十分にあたたまったら、貝を入れる。なんと、ここで貝を乾煎りするのだ。木口さんたちのオリジナルのつくり方なのだと思うが、こうすると濃厚な貝の味が出て旨味が増すのだという。

時折、鍋の底にたまった貝をかきまわす。すると「プシュプシュ」と音を立てながら貝の口が開きだす。

あら、すでに良さそう。

そこに水を投入し、沸騰するまで気長に待つことになった。炉を囲んで各々が適当な場所に座って、ダラダラと話をする。立ち上がって火の調整をしたり、水のぐあいを確かめたり。わたしは、ぼんやりと土器鍋の表面を見つめていた。

「ここに模様があったら楽しいだろうな」などと思いはじめる。

あれ？　もしかして、縄文人たちが土器に装飾をこれでもかと入れたのは、こうして土器をぼんやり眺めている時に空想が広がって、土器に装飾したいと思いだしたとか？　いや、待てよ。炉のまわりに集まってこうして語らっている時、たとえば子どもに集落に伝わるいろんな神話や掟を話す道具として、土器の表面に意味ありげな動物や人間の装飾を施して伝えていたとか？

火を見つめながら土器を見ていると、わたしの空想は果てしなく広がる。いい時間だ。きっと縄文人は、こうしているあいだに石器をつくったり、植物から繊維をとったりしていたんじゃないか。

わたしのなかで、縄文人のふだんの過ごし方が立ち上がってくる。あくまでも想像だけれど。

「じゃあ、ちょっと塩を入れますね」と木口さんはいいながら、秘密兵器を土器に投入した。なんでもこのイボキサゴ汁でカップラーメンをつくると、とんでもなくおいしくなるそうだ。それってシジミラーメンとかの魚介系ラーメンのスープってことだから、そりゃあおいしいだろう。今回はそんなことはしないけれど。

煮たった土器鍋を見ると、自宅でつくるシジミ汁とそっくりだった。とても薄い乳白色で、澄んでいた。

おだしの国の人だもの

上澄みを手づくりの土器椀にそそいで、いざ実食。

ズルズル、ズルズル……

う、うまい！

シジミ汁とは味が違うけれど、たしかにこれはおいしい！　乾煎りが効いているのか、濃厚でコクがある。それなのに、体にスッとしみていく感じがする。暑い時に飲むと、あっという間に体に吸収されるスポーツドリンクのように。ちょっと癖になる味わいだ。

「縄文人たちは、汁だけをのんでいたんでしょうかね。それとも、わざわざあんなに小さな貝殻から身を取り出して食べたかな」

木口さんにきいてみると、「食べたと思いますよ」と返ってきた。
「つまようじみたいな棒きれを使って、ほじくってたと思います」
いわれてみれば、たしかにいただいた命だから最後まで食べきるに決まってる。現代のように、スーパーに行けばなんでも食料が手に入る時代ではないのだ。ましてや、わざわざ5キロも離れた海から重たい思いをして運んできた貝である。これを腹いっぱいになるまで食べるということではないだろうが、それでも無駄にすることはあるまい。
そこへほかの見学者がやって来た。幼稚園ぐらいの男の子とお母さんである。男の子はわたしたちの様子に興味津々。「のんでみる?」と声をかけると、「のむ」という。お母さんにも確認をして、うつわを手渡すと、男の子は一気に汁をのみほした。

「おいしい！」

子どもはシンプルにおいしいものをよくわかっている、と感心してしまう。縄文人の子どもも、こうしてイボキサゴ汁をのんで、おやつがわりに小さな手で器用に身をほじくり出して食べていたのかもしれない。

イボキサゴ汁をのみながら、つくづく思った。日本人の味覚は縄文時代から培われたものだ、と。

縄文時代の食は日本食の原点だという料理家もいるが、そうだな、と思う。塩味だけでいただいた命を最後までおいしく食べ尽くす。そのうえ、貝汁は貝からとけだした栄養素も無理なく体に取りこめる。二日酔いの朝、シジミ汁が身体にしみた経験がある人もいるだろう。それを彼らは体感として知っていて、せっせとのみつづけ、図らずもこんなにも巨大な貝塚をつくってしまった。

貝層断面観覧施設で貝層に圧倒されたわたしは「縄文人の生きることへの執念におののいた」と書いたけれど、それはひるがえって、こういわれた気がしたからかもしれない。

「お前、ちゃんと生きているか」

今回の体験は特別にお願いしたもので、フラッと遺跡に行ってできるわけではない。しかし、貝層断面だけでも見る価値は十分にある。

ぜひとも縄文人の生きることへの熱量を感じていただきたい。

所在地

◆【加曽利貝塚（千葉市立加曽利貝塚博物館）】

千葉県千葉市若葉区桜木8-33-1　TEL043-231-0129

16 それでもお墓に入りたい
——吉《よし》見《み》百穴《ひゃくあな》

埼玉県
古墳時代

本書で紹介している遺跡は、担当編集T氏と、あーでもない、こーでもないと話し合って選んだのだが、結果的に「今回はごめんよ」となった遺跡がある。それが、埼玉県比企《ひき》郡吉《よし》見《み》町が誇る「吉見百穴」だ。「よしみひゃっけつ」と読むのかと思っていたら、地元の人は「よしみひゃくあな」とよび、親しんでいるそうだ。

ところが、ここの掲載を見送ったことに編集会議で「異議あり！」と手をあげた編集部員がいたらしい。それも二人も。一人は地元・埼玉県人、もう一人は古墳王国・奈良県人だというではないか。二人は「載せないなんて考えられない」といって、かわるがわるに、吉見百穴がいかにおもしろい遺跡であるかを熱弁したという。

いや、著者が今回はご遠慮願いたいといってますけど、という意見は通らず、T氏に「ということで、こんださん、たってのお願いをきき遂げてください」といわれて、こうして書いている。

……そんなにおもしろいかぁ？

吉見百穴は古墳時代のお墓である。古墳時代の墓？　それ古墳じゃないの？　と思うだろうが、古墳ではない。

そうか。古墳時代の墓といっても前方後円墳とはまったくちがう姿形をしているし、「日本のカッパドキア」とよばれるほど奇抜な見た目をしている。そのうえ、観光名所として（つまり、古墳好きだけが来ているわけではない！）年間6万人も足を運んでいるらしい。

たしかに、心をつかまれる人がいてもおかしくはない……のか？

ということで、吉見百穴に赴いた時の話を書いてみよう。

それはカッパドキアか、王蟲か

2月某日。冬真っただ中に訪れた吉見町は、抜けるような青空が広がり、絶好の遺跡旅日和となった。肌を刺すような冷たい冬の空気を除いては。

東京から車で向かい、遺跡の前を流れる市野川《いちのかわ》に沿って、のどかな風景のなかをひた走る。するとぽこっとした小山が見えてきた。小山の上には木々が生え、表面にはボコボコと穴があいているのが、遠目でもわかる。

あれだな、百穴は。

小山は、たしかにトルコの世界遺産カッパドキアに見えなくもない。でもそれ以上に、わたしには『風の谷のナウシカ』に登場する王蟲《オーム》のように見えた。エネルギーをうちに秘め、いまにも動き出しそうな、異様な存在感を放ちまくる塊に見えたのである（「王蟲？　なにそれ??」という人は検索してみてください）。

駐車場に車をとめ、下から見上げてみる。遠目に見ても異様だったが、間近で見ると異様さが増す。ボコッとあいた穴の暗さが心をざわつかせ、黄泉への入口感がさらに際立つ。

吉見百穴は、6世紀末~7世紀後半という古墳時代も終わりを告げようとしている時期にかけてつくられた、横穴式の集団のお墓（横穴墓）である。今風にいえば「マンション型集団墓地」といったところだ。２１９基が現存する。横穴式とは、字のごとく岩に横方向に穴をあけて掘り進んだものである。ここの岩は、凝灰質砂岩《ぎょうかいさがん》という比較的掘りやすい岩なのだそうだ。

吉見百穴の存在は江戸時代には知られていたらしい。——そりゃそうだろう。なんか気味の悪いものがあるな、と地元の人は思っていたはずだ。

その後、のちに日本で人類学、考古学を確立することになる人類学者の坪井正五郎が、大学院生の時に当地の調査をおこなった。それを支援したのが埼玉県の名士、根岸武香と、現在も吉見百穴の地権者である大澤家の先祖、大澤藤助である。根岸は、坪井たちの調査期間中の宿舎として自宅を開放し、サポートをおこなった。明治20年（１８８７）の頃の話である。

この頃は近代考古学が確立する前であり、黎明期といっていい。坪井正五郎が中心となって設立した東京人類学会も、多くが発掘そのものや珍しい遺物を見つけることに注力していたともいわれている。こうした状況下での発掘だったため、調査チームは出土状況など詳細な記録をとらないまま遺物を持ち帰ってしまった。ただし、閉塞石（穴の入口を塞ぐための石）は、その労をねぎらってなのか発掘協力をした地元の人が持ち帰り、自宅で使っていたという話もある。

現代の感覚でいえば「なんちゅうことを⁉︎」となるのだが、「文化財」という言葉もなく、保護するための法律もなかった時代の話である。それを考えると、さもありなん、ということだ。もっといえば、ここで坪井正五郎が調査し、根岸武香や大澤藤助らによって遺跡の保存やその存在を世間に発信されていなければ、現在、遺跡として残っていなかったかもしれない。そう思うと貴重な調査だったのだ。

ただし、重ねていうが、あまりに早い時期の発掘調査だったゆえ、詳しいことはわかっていない。それが、吉見百穴をよりミステリアスな存在にしている所以かもしれない。

ともあれ彼らの尽力よって、大正12年（１９２３）に国の史跡に指定されたのである。

個室のような横穴墓

　では、ちょっとお宅（横穴墓のこと）拝見してみようと、横穴までのぼってみることにした。見上げると、けっこう傾斜が急で驚く。手すりがつけられているが、なんとなく心もとない。一段ずつ上がっていく。これ、見た目よりもきついし、高さに腰が引ける。

　穴は不規則に並んでいる場所と、ある程度規則正しく並んでいる場所がある。開口部が大きなものもあれば、いや、どうやって埋葬したの？　と思うような小ささのものもある。もしかしたら、小さな開口部の横穴は子どもの墓だったのかもしれないと、これを書きながら思ったりする（のぼっているときは、正直、そこまで考えている余裕がなかった）。どうやらすべての横穴墓が公開されているわけではないらしく、見学できるものとできないものがあった。

「お邪魔します」と、心のなかで挨拶をして、見学可能な横穴墓へ。腰を屈めて、そろりそろりと入っていく。

　玄室《げんしつ》という遺体を安置する場所の天井は意外に高く、2メートルちかくあった。横幅は4メートル弱で、奥行きが2・7メートルほど。掘りやすい石質とはいえ、この広さを掘り上げるのはかなり大変だったんじゃないか。床には左右の壁に沿うように棺座《かんざ》という棺を置く台が二つつくられていて、棺座と棺座のあいだはちょっとした空間になっていた。ちなみに、どの穴も同じつくりというわけではないらしい。横穴墓を「マンション型集団墓地」と表現したが、マンションでいえば各横穴は間取りが違うのだ。

玄室は、想像していたよりも立派なつくりだった。てっきり横たわるだけのカプセルホテルみたいな空間をイメージしていたのだが、実際にはおとなが数人、動き回れるほどの広さがある。これほどの墓に葬られるということは、そこそこ地位の高い人だったんじゃあるまいか。二つの棺座のあいだにある空間は、亡骸とともに、親族が夜通し弔いの宴をするためのスペースだったのかも、などと、なにもないはずの空間に、弔いの人びとの姿が浮かび上がってくる。

ここまで来ておきながらなんだが、わたしはあまり古墳の石室の類が得意ではない。このように取材で入ることもあるが、できればそっとしておきたい性質である。遺体がある・ないに関わらず、ここは現代人がおもしろがって入っていい場所だと思わないからだ。いろんな考え方、意見、楽しみ方があるのは承知していて、あくまで個人的な意見である。

とはいえ、入らないとわからないこともある。なので入ったわけだが、ここはなんというか、ホッとする場所だった。石材の力なのか、空間の大きさなのかわからないが、やわらかく守られている感じがしたのである。

なるほどなあ。これならここに埋葬されたいかも。

吉見百穴に埋葬されたのは地域の王を支えた側近たちであるらしい。前述したように、この集団墓がつくられたのは、古墳時代が終わろうとしていた頃である。6世紀末、奈良をはじめとする畿内では、時の権力者たちが大陸から伝来した仏教によって地域を治めようと考えはじめていて、すでに古墳づくりは終わりに向かっていたのである。かたや東国とよばれるこの地域では、依然として古墳がつくられていた。

それはなぜか。

そもそも古墳には前方後円墳、円墳、方墳などさまざまな形があるが、これは埋葬される人の趣味で決めているわけではない。古墳の形にはランクがあり、豪族の力の大きさとヤマト王権との関係によって、つくれる古墳の形が決まるのだ。だから、たとえば「前方後円墳に埋葬されたい！」と王さまが熱望しても、ヤマト王権とそれなりの関係がなければその願いはかなわないのである（前方後円墳が最高ランクで、かつヤマト王権と密な関係がないとつくることはできなかった）。

そういうルールがあったがために、物理的にもヤマト王権との関係性においても畿内と距離のある東国は、古墳づくりの開始が遅くなった。この時間のズレと、「やっとつくれるぜ、古墳！」という古墳づくりへの並々ならぬ想いの強さが、東国での古墳づくりが終焉に向かわなかった理由かもしれない。想像だけれど。

古墳に埋葬されるのは地域の首長や近しい関係者だけである。首長を支えた人びとは大きな古墳になど埋葬されない。全国的にそういうものである、らしい。そういう人たちは、埋葬方法にいくつかパターンが考えられるが、吉見百穴のような集団の横穴墓に埋葬されることもあった。墳丘はないが、特別に手間と労力をかけたお墓である。誰もが埋葬されるわけではない。

横穴の入口はそれぞれ閉塞石という石で閉じられていた。なぜそうしていたかというと、閉塞石を開けて、親族などをあとから一緒に埋葬（追葬という）するためなのだそうだ。閉塞石を開けたとき、先に埋葬された遺体の状況を想像するとなかなかすごいものがある。だけど、そんなことよりも、首長を支えてきた一族として「ここに埋葬されたい」という思いのほうが強かったのだと思うし、それは首長を支えてきた人びとの最後の誇りだったのかもしれない。

黄金色に輝いて

横穴墓から外に出た。何度もいうが、けっこう高い。しかも、もっと上にも横穴はある。ここまで遺体を持って上がるのもひと苦労だったのではないか、としみじみ思うが、高いだの、こわいだの、重いだの、そんなことはきっと瑣末なことなのだ。そんなことよりもなによりも大切な想いがあったのだろう。

　ここに埋葬されたい。

　ここに埋葬したい。

　そんな想いがこの横穴墓群を支えているのだと思うと、やっぱりおいそれとのぼってはいけない気持ちにもなる。

　すでに時間は夕方にさしかかっていた。冬は日暮れが早い。風雨にさらされて黒ずんだ岩肌に、夕日が当たりだす。町の風景は変わっても、その向こうに広がる山並みは古墳時代から変わっていないはずだ。


　はるか彼方に富士山が見えた。


　ええ！　マジですか。ここから富士山、見えるの⁉　だからこの場所を選んだのか‼　と合点がいった。わかりやすいやないか、古墳人たちよ。

　西日が当たるその場所から眺める富士山は、なんとなく黄金色に見えるのである。とてもありがたい気持ちになった。いや、ならざるをえなかった。

　そうか、だからこの小山は西側にしか横穴があいていないのだな。富士山を眺めることができないと意味がないのだ。

人はいつか死んでいく。首長だろうが、庶民だろうが、死は平等に与えられたものだ。その最期に、どうありたいのか。どんなふうに送られたいのか。

首長のように古墳で眠ることはできないけれど、せめて黄金色に輝く富士山を見ながらゆっくりと眠りたい、眠らせてやりたいと、本人や残された者たちは考えていたのだろう。とても素敵だ。

わたしは、最期をどう迎えたいのだろうか。考えることが、生きていく糧になるような気がした。

いつまでもいつまでも、その美しい景色を見ていたかった。

名残を惜しみつつも車に乗って一路東京を目指す。振り返ると、夕陽に照らされた百穴がそこにあった。黄金に発光する王蟲のようだった。

所在地

◆【吉見百穴】 埼玉県比企郡吉見町大字北吉見324　TEL0493-54-4541

17 石に魅了された人たち

旧石器時代の遺跡はわかりにくい。

見つかるものも、一般人にはなんとも地味でどう楽しめばいいのか、見どころがわからない。——ということは「3 ゼロ距離の旧石器人」のサキタリ洞《どう》遺跡の旅で書いたとおり。それでもサキタリ洞遺跡は、沖縄という風土も相まって、初心者でも楽しめる要素にあふれていた。しかしながら、沖縄を除いても日本には旧石器時代の遺跡が全国に1万カ所以上あるというが、「よし！ 見にいこう」とはなかなかならない。あれこれ先史時代の本を書いてきたが「旧石器のおもしろさを本にしたためてみんなに伝えたい！」とはなっていない。なんせ石（石器）とわずかばかりの暮らしの痕跡しかないからである。一般人にはなんとも地味で…（冒頭に戻る）。

ところがまわりの旧石器研究者と話をすると、嬉々として石（石器）について語るのである。「つくり手はこういうことを思ってたんじゃないか」とか「ここに迷いがある」とか、

「石器を見ながらあれこれ考えるのが楽しいんだよ」と話すホクホクとした表情にこちらが釘づけになってしまった。

はっきりいって、マニアである。しかしながらマニアほどおもしろく、興味深い人たちはいない。考古学は多かれ少なかれマニア気質がないと探究できない学問だと思うが、誤解をおそれずにいうならば、石器を扱う人たちは群を抜いてマニアな気がする。

石…もとい石器を見ながらニヤニヤするって、どう考えてもマニアでしょ！（ほめ言葉です）

そこで、石（石器）に取り憑かれた愛すべき研究者の話を聞くことで、もしかしたら旧石器時代の魅力が見えてくるんじゃないかと考えたわたしは、二人の研究者を訪ねてみることにした。

熾火のように静かに燃えつづける

「今日はよろしくお願いします」と現れた大正大学名誉教授御堂島正《みどうしまただし》先生は、どこか文学青年のようなたたずまいで、思慮深い身のこなしに「本当に石器の研究者なの？」と内心驚いてしまう。旧石器の研究者って、ジャンバーをはおり、もっさりした風貌をしていると思っていた。完全に偏見だけれど（すみません）。一体どんなお話が聞けるのか、その開口一番。

「わたし、自分を旧石器時代の研究者だとは思っていないんです」

ええー、どういうことですか、それ……。

「石器を扱っているので旧石器時代の研究者に分類されることが多いのですが、旧石器時代だけではなく縄文時代や弥生時代の石器も研究をしているので、あくまで石器の研究者なんです」

あ、そういうことか。特に縄文時代の研究というと土器に目がいきがちだが、縄文時代にも弥生時代にも石器はあるのだった。

御堂島先生が考古学に興味をもったのは、小学3年生の頃。当時は縄文時代の遺跡が点在する長野県飯田地方に暮らし、「畑で昔の人の道具（土器のこと）が拾えるぞ」という近所に住むいとこの誘いで拾いにいったことがきっかけになったという。これぞ由緒正しき考古ボーイの始まりである。その後、小学校高学年、中学生、高校生と考古学的なクラブ活動に参加。その流れのなかで早稲田大学に進学し、本格的に考古学を学ぶことになった。

大学生時代には、在野の考古学者として多くの功績を残した、同じ長野県出身の藤森栄一氏の本を読み、その世界に憧れていたという。藤森氏の著作は現在活躍している研究者たちに多大な影響を与えているが、御堂島先生もその一人だったことになる。

先生の学生時代は、土器を分類し、つくられた時期を確定していく研究が盛んにおこなわれていた時期だったが、「もっと彼らの生活が知りたいなと思っていたのです。そんなときに、藤森先生のお弟子さんたちは石器に注目していて、そうか、と」。石器も生活の道具だから、石器を研究すれば彼らの暮らしがわかるんじゃないか、と思ったのだそうだ。

「ただし、石器の形態をもとに分類しただけでは、生活や石器の用途はわからない。そこで、石器を使ったときにできる痕跡を調べたら、生活が見えてくるんじゃないかと考えました」

ここから御堂島先生の「実験痕跡研究」という、途方もない研究が始まるのである。石器には使用したことで生じる痕跡が残されている。肉や植物を切ったり、土を掘ったりという暮らしの作業で使用された石器には痕跡が——要はキズや磨耗が残る。その痕跡がどうやってついたのかがわかれば、具体的な暮らしが浮かび上がるのではないかと先生は考えた。そこで取り組んだのが実験痕跡研究である。これは、研究対象の石器と同様の石器を製作し、それを実際に使ってみて、ついた痕跡と対象の石器に残された痕跡を比較する。そうすることでなにをどうしてそのキズがついたのかを探り当てようとするものである。

「この石器を使ってイネ科の植物を５０００回切ると、こういう痕跡が残るんです。そして、こっちが本物の石器に残っていた痕跡です。同じでしょう？　こうして、この石器でイネ科の植物を切っていたことがわかったんです」と、研究論文の写真を示しながら、ニコニコと話す先生。

５０００回！

先生はこともなげにいうが、ふつう、一つの石器を使って５０００回も実験します？　わたしならいやになる。しかし先生は、切る素材を変えては、コツコツ、コツコツと実験を繰り返し、少しずつ結果に迫っていく。

石器研究の話をする御堂島先生は、決して強くアピールするようなことはない。しかし、静かに、でも確実にテンションが上がっていくのが感じられて、「本当に石器の研究が好きなんだな」と、膨大な熱量がじわじわ伝わってくるのである。それは、聞いているわたしを幸せにしてくれる熱量だった。

誰もやらないようなことをやりたい、という思いを胸に、御堂島先生は石器の研究を45年間つづけてきた。そのうち31年間は、神奈川県の教育委員会で埋蔵文化財に関わる業務を担当してきた。時には思うように研究の時間がとれないこともあったそうだが、先生はコツコツと実験をつづけてきた。なかでも、お手製の皮袋のなかに自作の石器を入れ、毎日の通勤時に持ち歩いたという話には絶句してしまった。

「石器のなかには間違って落としてしまったり、運んでいるうちにキズがついた可能性があるものもあります。それを確かめるため、通勤時間を使って石器の運搬実験をしたのです」

想像してほしい。あなたは電車の座席に座っていて、目の前に立った男性のカバンのなかには、いくつかの石器が入っていることを。その人は素知らぬ顔をして、毎日毎日石器をカバンにしのばせ通勤している。なんてシュールな状況なのか！

なにがここまで先生を研究に向かわせるのだろう。

「まずは目の前の仕事をこなしながら、自制して研究をつづけることが、将来につながると思っていました。自分が生きているあいだに、なにか残るようなものができればいいなと思ってやっていたところはあります」

すべてはこの言葉に集約されているのではないだろうか。

その成果は既に現れていて、実験痕跡研究は若手の石器研究者のなかではポピュラーなものになりつつあるという。

「若い世代に自分がやってきたことを引き継いでもらえることはとてもうれしいですし、いろんな人にやってもらえればいいなと思っています」

と語る御堂島先生は、言葉だけでなく、本当にうれしそうだった。

たかが石、されど石。

ひとえに石器をつくり出した人びとの暮らしが知りたいと、同じように石器をつくり、使い、彼らに迫る姿はたしかな石器愛に満ちていた。それは熾火のように燃えつづけ、周囲の人の心に火をつけるものだった。

文学青年のようなただずまいのなかに、秘めたる静かな炎を御堂島先生はもっていた。

洞窟調査のために人生がある

慶應義塾大学で旧石器時代の遺跡調査を長年つづけている渡辺丈彦《わたなべたけひこ》教授にも話をうかがうことになった。

担当編集T氏によれば、大学で旧石器時代の遺跡を継続的に調査することは稀なのだという。そのプロジェクトを現在引っ張るのが、渡辺先生である。

先生と石器との出会いは中学生の時だという。千葉市の加曽利貝塚が近所にあったという環境で暮らした渡辺少年は、小学4、5年生の時に畑で土器片を見つけたことを契機に、2年間夢中で土器を探しつづけた。ここにも由緒正しき考古ボーイが誕生したわけだ。しかしあるとき、転機が訪れる。

「キラキラと光る黒曜石の鏃《やじり》の美しさ、石器の美しさに出会ってしまったのです」

それ以来、土器には見向きもしなくなったという。

この運命の出会いにより、渡辺先生は「石器に関わる生き方がしたい」と、中学生の時には人生の道筋を設計したというから、驚いてしまう。単に黒曜石のほうがきれいってだけだよね？　と、聞いていて思ったわけだが、これはもう出会うべくして出会ったというほかはない。まさに、黒曜石の鏃で先生の心は射抜かれてしまったのである。

高校進学後、1年生の春休みには市民も参加できる長野県・野尻《のじり》湖の発掘調査に赴き、以降、大学生になるまでに発掘調査を2回体験するなど着実に考古学の道を歩む。そして慶應義塾大学入学後は、それこそ石器まみれの青春を過ごすことになる。

「報告書の執筆のために何万個もの石器と向き合いました。わたしにとってはこれがサークル活動であり、趣味であり、これ以上に楽しいものが見つからなかったのです」

とにかく楽しくて幸せな時間を過ごした、と先生はいう。

「石器を研究するには実測図が描けないとダメなのです。だから、実測の腕を磨きつづけました」

実測図は単なるスケッチではない、らしい。渡辺先生によると、図を見ただけで加工の順番がわかり、その石器に関わる情報のすべてが盛りこまれているのが実測図であり、その図を描いた人がそのように石器を解釈したという「解釈図」なのだそうだ。

「石器ととことん対話し、情報を少しでも抜き取り、ほかの人に共有するのが実測図なのです」

それまでの話しぶりとは違い、ぐっと言葉に力が入った先生からは、いままで石器とどのように向き合ってきたのかが伝わってきた。

そうしてますます石器研究に魅了されていくなかで、シリアのデデリエ洞窟の調査に2カ月間参加する機会を得る。そこで先生は「人骨」「石器」「動物骨」の三つが揃って見つかった旧石器時代の遺跡調査に立ち会った。この経験がのちの研究方針に大きく影響を及ぼすことになったのである。

「この三つが揃うことで、どんな人たちがどんな道具を使って狩猟し、どんな動物を食べて生きていたか、という旧石器時代の暮らし、つまり旧石器文化研究ができるようになるのです」

そして、力を込めてこうつづけた。

「いろんな種類の遺物でクロスチェックをかけることが、捏造事件のような過ちを防ぎ、豊かな旧石器文化研究に迫れると考えています」

デデリエ洞窟での経験は、先生を石灰岩洞窟の発掘へと駆り立てた。日本の土壌は酸性で、人骨や動物の牙や角、骨などの有機物が残りづらい。だが、石灰岩でできた洞窟はアルカリ質で、これら有機物が比較的良好な状態で保存される。また、風雨にさらされたり人によって荒らされたりすることも少ないため、生活痕跡の層も残りやすい。それゆえの、石灰岩洞窟の発掘なのである。

旧石器時代の洞穴遺跡は全国でも10に満たないと現在のところいわれている。また、洞穴遺跡は発掘の仕方が独特で、特化した調査方法が求められるという。そんな状況のなかで、慶應義塾大学の考古学研究室が主体となって青森県下北半島の石灰岩洞窟、尻労《しつかり》安部《あべ》洞窟の調査は始まった。調査は23年間もつづけられた（ただし、新型コロナウイルスの流行により調査を2年間中断している）。とはいえ、掘れば掘るだけ遺物がザクザク出てくるわけではない。掘りつづけても延々となにも出てこないという苦しい発掘が数年つづき、諦めかけたそのとき、地表から4メートル掘り下げた地層で動物の骨が見つかったのである。

「なんの動物だったと思います？」と、いたずら少年っぽくきく先生に「なんでしょうね。ヘラジカとかですかね？」と答えるわたし。

「正解はノウサギ。それも大量に出てきたのです。失望しましたよ」

先生は、ちょっと苦笑いである。まさかノウサギの骨が大量に出てくるなんて想定していなかった、というのだ。たしかに、旧石器時代の狩猟は大型動物を狩るイメージがある。テレビアニメでも、旧石器時代のイメージ画でも、狩るのは大型動物だった。先生の頭にもこのイメージが染みついていて、まさか小さなノウサギの骨が大量に出てくるとは思わなかった、と笑う。しかも、結局のところ尻労安部洞窟からは石器が3点見つかったものの、残念ながら人骨は出てこなかった。

「でも、これによってノウサギを獲って毛皮の利用をしていた可能性が浮かび上がってきたわけです。石器の少なさと出土した動物の種類を考えると、これまで考えられてきた以上に、旧石器時代には豊かな狩猟方法があったのではないか、と想起させる結果になったと思っています」

この洞窟は、ノウサギの毛皮をとるためのごく短期間のキャンプ地だったと考えることもできそうだ、という。

話を聞きながらこちらもゾクゾクした。思いがけない動物の骨が見つかったことで、想定していなかったリアルな旧石器時代の姿が浮かび上がってくる――発掘調査の醍醐味に、わたしは引き込まれた。

そこでこんな質問をしてみることにした。

「先生が考える旧石器時代研究の魅力って、なんだと思いますか？」

先生はしばし考えこみ、こう答えてくれた。

「わかりすぎないってことじゃないでしょうか。資料がありすぎないということは、情報が少ないということでもあり、情報がありすぎないということでもあると思います。情報がありすぎないからこそ、少しでもその解像度を高めていこうとする楽しさもあるんです」

わたしは、激しく心が動かされた。

わかることが少ないからこそ、手がかりを求めて発掘をおこない、どんな小さな遺物からでも必死に情報を引き出そうとするその時間が、先生にとってはたまらなく愛おしいのだろう。すぐに答えを求めがちな時代にまったく合わないけれど、だからこそ価値があるのだと思った。

「洞窟に調査に入る10日間があるから、1年間がんばれるのです。その日のために、ほかの日々がある。家族には申し訳ないけれど」と笑い、「純粋に楽しいんですよ。石器が好きだから、いままでつづけてこられたんだと思います」と晴ればれした表情で話を締めくくった。

理屈ではないのだ。二人とも、理屈ではなく石器に魅せられたのだ。

二人の話は非常に興味深く、そしてわたしの思っていたものとは違う展開になった。旧石器時代あるいは石器の研究者だから、てっきり石のことばかり考えているのかと思っていた。てっきり石器のマニアックな話ばかりが飛び出てくるのだと思っていた。でも、そうではなかった。二人とも、その時代に生きた人びとを知ろうと、粘り強く研究をつづけている。想像していたのとはまったく違う研究者の姿が浮かび上がった。

正直、いままで旧石器時代の人たちのことを考えたこともなかったが、「旧石器時代こそ、国境もなく、一番、人が激しく動いていた時代なんです」と渡辺先生がいうように、生き抜くためにアグレッシブに動きつづけた旧石器人たちは、想像以上におもしろい人たちだったのではないだろうか、という気がしてくる。

旧石器時代における石器研究や遺跡の調査は、わたしが思っていた以上に大きく前進していた。従来のイメージとは異なる旧石器人の姿を浮かび上がらせる調査・研究の成果に、心が躍った。いままで謎に包まれていた旧石器時代が、少しずつ像を結びはじめている。厳しい環境のなかを、石器と自らの体力・知力を頼りに、いかに適応し、日々を暮らすか。人間という生き物の力強さと創意工夫する能力がもともと備わっていたという希望を、わたしは感じた。これは人類について考える、新たな視点となるのではないだろうか。

しかしながら、こうした旧石器時代の魅力は、漫然と石器を見ているだけではわからない。せっかくだから、各地にある博物館などの展示も、ただ石器を並べるだけでなく、もう少し人の暮らしがわかるような内容になると、興味がもてるのかなと思ったりする。

いずれにしても、こうした研究が広く知られ、見たことがない旧石器時代の様相にふれられることを心待ちにしたいと思う。

18

郷愁の響灘

――土井《どい》ケ浜《がはま》遺跡

山口県
弥生時代

日本で唯一、人類学を専門にした博物館が山口県下関市にある。その名も土井《どい》ケ浜《がはま》遺跡・人類学ミュージアムという。

本州最西端の響《ひびき》灘《なだ》に面していて、近くには角島《つのしま》大橋という橋が、真っ青な海のなかを天にも昇らんばかりの勢いでのびている、という〝映える〟ロケーションでにぎわっている。車のCMでたびたび登場する場所なので、記憶にある人もいるかもしれない。

そこから車で数分、ゴホウラ貝を模したオブジェが鎮座するのが、件《くだん》のミュージアムである。ゴホウラ貝は同館のシンボルだ。

ところで、人類学とは一体なんぞや？

日本人類学会の公式サイトによれば、「「生物としてのヒト」を総合的に研究する学問」で、「ヒトとは何かを科学的に偏りなく理解し、実証的で妥当性のある人間観を確立することを目標としている」らしい。ちょっと難しい解説だけれど、要は、ヒトという生物を科学的で公平性のある知見によって解明していこう、ということだと思う。

一口に人類学といってもさまざまあり、骨を観察して人類の起源や変異を探る分野もあれば、DNAを分析する分野もある。文化や社会のなかにおける人類を観察することでヒトを探るという分野もある。そういう観点からいえば、土井ヶ浜遺跡・人類学ミュージアムは、人骨を観察し、また考古学的視点もおおいに合わせることで、日本列島に暮らした人類を解き明かす、という施設にあたる（と、わたしは理解したんだけれど）。

では、ミュージアムの基礎をなすものはなにかといったら、先ほどから登場しているけれど、土井ヶ浜遺跡から見つかった人骨、である。

人骨が眠る砂丘

土井ヶ浜遺跡は、おもに弥生時代前期の中頃の遺跡である。遺跡は土井ヶ浜海岸からゆるやかにのびる丘陵上にある。そこは、西風にのってやってきた砂が堆積して砂丘を形成しているのだが、この砂がポイントなのだという。砂には微粒子になった貝が含まれていて、そのカルシウム分によって人骨は守られた。最終的に見つかった人骨は300体以上。土井ヶ浜遺跡は弥生時代の集団墓地だったのである。墓地は、およそ300年間も使いつづけられたことがわかっている。

では、どんな人たちが埋葬されたのだろうか。

弥生時代の遺跡なんだから、弥生人でしょ？——いや、ことはそんなに単純ではない。実は、弥生人にもいろいろあるらしいのだ。

弥生時代の前には縄文時代があり、縄文人が暮らしていた。そんな日本列島に、大陸から海を渡り、定住した人たちがいた。これが渡来人とよばれる人たちである。渡来人は各地に暮らす縄文人と文化的にも遺伝子的にも交わり、なかでも縄文人的な特徴を色濃くもつ人たちを縄文系弥生人といい、渡来人的な特徴を色濃くもつ人たちを渡来系弥生人というのである。

さて、そこでだ。土井ヶ浜の砂に埋葬されていたのは、どちらの特徴をもつ人たちだったのか。

答えは、渡来系弥生人オンリー。300体以上も見つかっているのに、そのすべてが渡来系弥生人たちだったのである。

顔は語る

前置きが長くなったけれど、ミュージアムを見てみることにしよう。ここは施設が二つに分かれている。土井ヶ浜遺跡の概要を紹介する展示施設と人骨が見つかったときの状況を再現した展示ドームだ。

まずは展示施設に入る。人類学の専門博物館だけあって、骨から日本人に迫る展示がなされている。日本列島に暮らしたさまざまな時代の人たちの頭蓋骨や身長の比較など、ほかではあまり見ることがない。なかでも「ほお〜」と思ったのが、展示室の一番奥に展開されていた顔入りの地図である。前述した渡来系弥生人と縄文系弥生人の分布が一目瞭然だ。

これ、おもしろい。

渡来系弥生人と縄文系弥生人の2系統だけでなく、顔の特徴からさらに細分されている。渡来系はほっそり面長でのっぺりと平らな顔などという特徴があり、縄文系は眉間が出ていて渡来系の人に比べて頬骨が高く、彫りが深いという特徴がある。でも、その二つのDNAが混ざったからといって単純に中間的な顔になるわけではない。渡来系弥生人の特徴が強いけれど縄文の〝におい〟がする顔もあるし、その逆もある。なかにはまったく異質な雰囲気の顔立ちの人もいる。

大陸から渡ってきたというけれど、その前はどうだったのか。アフリカで誕生したといわれる人類が、長い時間をかけて、さまざまな道行きを経て日本列島に渡ってきているのだ。渡来人自身もさまざまなDNA情報をもっているのだから、渡来系の顔か縄文系の顔か、だけではなく、いろいろな特徴が顔に現れてもおかしくないのである。

本当にバラエティ豊かな顔があっておもしろい。それらの顔を見ていると、なんだか世界を見る目が変わる。

こうして多くの人がつながっているのだとしたら、現在地球上で起きているいがみ合いや奪い合い、戦争の類は、本当に馬鹿げたことだと思わざるを得ない。

みんな、つながっているのに。

人類学はそんなことを考える手立てになるのだなと、いろんな顔が配置された地図を見ながら新たな気づきをもらった。

11本の鏃と貝のボタン

展示のなかで、ひときわ目をひく人骨があった。11本の鏃《やじり》が射込まれたまま埋葬された男性の骨である。

「村を守った英雄」

説明板には、そう記されていた。その前で立ち止まるわたし。

英雄――本当にそうだったのか？　たとえば、この人物がなにか大変なことをしでかして集落の人間から処刑された、ということはないのだろうか。だって英雄なら、鏃が射込まれた状態でなんて埋葬しないんじゃないだろうか。それに。

「人間ってこんなことできるのかな。こんなにやれる？　きっとこの鏃では即死とはいかないだろうから、身悶えていたんじゃない？　そこにこんなにも撃てるかな？　人間ってこんなことができる生き物なんだろうか」

ブツブツいっていると、となりからポツリと声がかかった。

「こんださんは優しいんだね。人間に希望をもっているんだと思う」

実は、今回の土井ヶ浜遺跡への旅は同行者がいた。イラストレーターであり帽子作家のスソアキコさんだ。

「わたしなんて、こんなにすごい鏃ができちゃったら、どんなものか使ってみたいもの」

それを聞いて「マジで⁉」と叫びながらのけぞらずにはいられない。ユニークでほっこりしたイラストを描く彼女からは想像もできない言葉。同じものを見てもまったく違う感想をもつ。それを語り合い、お互いの価値観を共有する。正解がわからないからこそ、出土遺物を前にこういうコミュニケーションを楽しむことができる。これも遺跡めぐりの醍醐味なのだと改めて実感した。

展示は骨だけではない。土器や貝製品、ヒスイやガラスの装飾品などもたくさん展示されている。とくに装飾品類はとても繊細でデザイン性の高いものが多い。なかでも貝製の腕輪や指輪などは、国内ではほとんどないデザインだとか。大陸からもちこまれた美的感覚なのだろうか。

スソさんは「貝のボタンがかわいい」と、ずっといっていた。そう、ずっと。貝製品のコーナーを過ぎてもずっと。「これ欲しい」と叫ぶスソさんの頭のなかでは、土井ヶ浜の弥生人が丹精込めてつくった貝ボタン（ボタンといっているが、事実はわからない。たぶん、ほかの装飾品だったと思われる）が散りばめられた帽子が頭に浮かんでいたのだろう。

「帽子作家・スソアキコ」をも虜にした土井ヶ浜遺跡の貝製品だが、土井ヶ浜周辺では採れない貝を素材にしているらしい。冒頭でふれた同館のシンボルであるゴホウラ貝もその一つである。ゴホウラ貝は奄美大島以南の珊瑚礁に生息する貝であり、交易品としてやりとりされた。だれでも手に入れられるようなものではなく、貴重な品だ。土井ヶ浜遺跡では加工途中の貝も見つかっていることから、もしかしたら土井ヶ浜の人びとは、南島に渡って直接貝を入手できる特別な集団だった可能性もある、と研究者は考えている。

海の彼方に故郷を想う

資料館をあとにして、いよいよ再現展示ドームに向かうことにする。

ここは土を盛って遺跡を保存し、その上にドーム状のこんもりとした建物をたて、小山のようになっている。小山に扉がついていて、自分も埋葬されて土のなかに入っていくような、洞穴のような感じがする。

ドーム内は、展示物の保存のため温度が一定に保たれていて、少しひんやりとした。やわらかなオレンジ色の光に照らされ、砂に守られるように見え隠れする土井ヶ浜弥生人の人骨（レプリカ）が、ものすごいインパクトをもって目に飛びこんでくる。

レプリカとはいえ、なんだか漂ってくるものがある。冷気じゃなくて霊気？　こわいわけではない。

累々と積み上げられた頭骨。
11本の鏃が射込まれた状態で横たわる英雄。
石の棺に納められた人。
横たわる四隅に石が置かれた人。
四隅ではないけれどそばに石が置かれた人。
男女が一緒に眠る棺。
5体の亡骸が一緒になっている棺。

総勢80体余りの人骨が、ものすごい圧をもって展示されていた。まわりを何度も何度もゆっくりと歩く。時に立ち止まり、時に座って多くの人骨を眺めた。

身分の違いや集落の違いなどもあるだろうし、300年間の時間幅があるからか、埋葬方法もさまざまある。だけれど、一つ、同じことがある。

どの人骨も顎を少し上げて海の方向を向いているのである。海を眺めるように埋葬されていたのだ。

繰り返しになるけれど、この遺跡からは渡来系弥生人といわれる人たちしか見つかっていない。つまり大陸から海を渡り、土井ヶ浜周辺で暮らした渡来人たちとその子孫の集団墓なのだ。

ああ、本当は故郷に帰りたかったんじゃないのかい？

なかには大陸の地に立ったことがない人もいたはずだ。それでも「おれたちの故郷は海の向こうにある」と代々語り継がれてきたのだろう。

どんな事情で土井ヶ浜に暮らすようになったのかは知る由もないけれど、それでも忘れられない、忘れてはいけない故郷への想い。それが一様に海を向いて埋葬される方法になったのだとしたら、大いに胸に迫るものがある。

こちらでつくったコミュニティを捨てることができなかったのだろうか。いや、もしかしたら、故郷には戻れない理由があったのかもしれない。妄想がいやというほど駆けめぐる。

研究者によれば、土井ヶ浜弥生人は中国東北地区山東省の人骨と酷似しているそうで、その地の出身の可能性があるという。また、先にも紹介したが、土井ヶ浜の人びとは、南にしか生息していない貝を直接入手できる特別な集団であった可能性が指摘されている。彼らは、異国の地で生き抜くために特別な立場をつくりあげたのか。そうやって、何代にもわたって当地に住みつづけて、根を張り、懸命に生きてきたのかもしれない。

夕暮れどき、ミュージアムから歩いて数分

のところにある土井ヶ浜海岸に立った。夕陽がとても美しい日だった。

彼らもここに来て、海を眺めながら望郷の念を慰めていたのかもしれないと思うと、美しい海が少し憂いを帯びたように見えた。

所在地

◆【土井ヶ浜遺跡（土井ヶ浜遺跡・人類学ミュージアム）】
山口県下関市豊北町神田上891-8　TEL083-788-1841

おわりに

今回、編集を担当してくれたＴ氏から「遺跡旅のエッセイを書きませんか」と、お声がけいただいたのは２０２２年２月のこと。刊行までに２年２カ月もかかったことになる。ひとえにわたしの原稿提出が亀のような歩みだったことに起因するのだが、自身初のエッセイということで、いつもと勝手が違ったことが大きい。

書き始める前に「いままでわたしが出してきた本とは違うものにしたい」と、Ｔ氏に何度も力説した。自分が考えていること、感じていることをきちんと言語化したいという、たっての願いであった。それをＴ氏をはじめ新泉社さんが受ける形で、本書がある。

本編にも再三書いてきたが、遺跡はかつて人びとがその場所に暮らした確かな証である。そして、それを現在わたしたちが見ることができるのは、発掘調査に従事する多くの人びとの努力と、守っていこう、後世に伝えていこうとする各地の文化財担当者の日々の仕事によるものだ。こういう人びとがいなければ、遺跡はあっという間に風化し、忘れ去られてしまうことだろう。本当に頭が下がる思いだ。

わたしもいまでこそ多くの人から「土偶女子」とよんでもらっているが、土偶に出会わなければ、遺跡をはじめ、さまざまな文化財に興味をもつことなどなかったと思う。ちょっとしたきっかけが人生を大きく変えていく。遺跡や文化財に興味をもつことは、一見すると日常生活に何の役にも立たないように思える。しかし実際はちょっと違う。「5 古墳の〝くびれ〟はかわいいか？」に登場した岡﨑さんやその友人たちのように、古墳にふれることで生きるエネルギーをチャージする人もいる。わたしのように土偶を求めて各地を旅する人もいる。遺跡に行き、帰りにその土地の銭湯に入ってビールを飲むことが至福の時だという人もいる。それぞれの関わり方で、皆、人生が楽しく、張りあいのあるものになっている。

遺跡は、この先もしかしたら人生の休憩場所やパワースポットになったりして、考古学的知見を得る場所を超えた存在になっていくのではないだろうか。暮らしのなかに遺跡がある、とは、そういうことなのかもしれない。

みなさんに、お気に入りの遺跡を見つけていただければと願ってやまない。

2024年2月
譽田亜紀子

執筆にあたり、こちらに記載したみなさまには、多大なるご協力をいただきました。心より感謝申し上げます。

守矢昌文（茅野市尖石縄文考古館特別館長）、山崎真治（沖縄県立博物館・美術館）、岡﨑瑠美、村山修（八王子市教育委員会）、小松隆史（井戸尻考古館館長）、榎本剛治（北秋田市教育委員会）、佐藤真弓（三内丸山遺跡センター）、松井一晃（歴史に憩う橿原市博物館）、千葉毅、三好清超（飛驒市教育委員会）、御堂島正（大正大学名誉教授）、渡辺丈彦（慶應義塾大学教授）、スソアキコ、佐賀県文化課文化財保護・活用室、茅野市尖石縄文考古館、沖縄県立博物館・美術館、ガンガラーの谷、沖縄美ら島財団、荒神谷博物館、かみつけの里博物館、八王子市教育委員会文化財課、井戸尻考古館、大湯ストーンサークル館、鳥取県とっとり弥生の王国推進課、千葉市立加曽利貝塚博物館、吉見町文化財係、土井ヶ浜遺跡・人類学ミュージアム（順不同・敬称略）。
最後に、「15 おだしの国のイボキサゴ汁」でお世話になった木口裕史さんが、本書の編集中に逝去されました。本書のサキタリ洞遺跡取材の前には、沖縄に詳しい木口さんにおいしいお店などをうかがっており、違う方面でもお世話になりました。心よりお悔やみを申し上げます。

この本で紹介している
遺跡の所在地とおもな時代

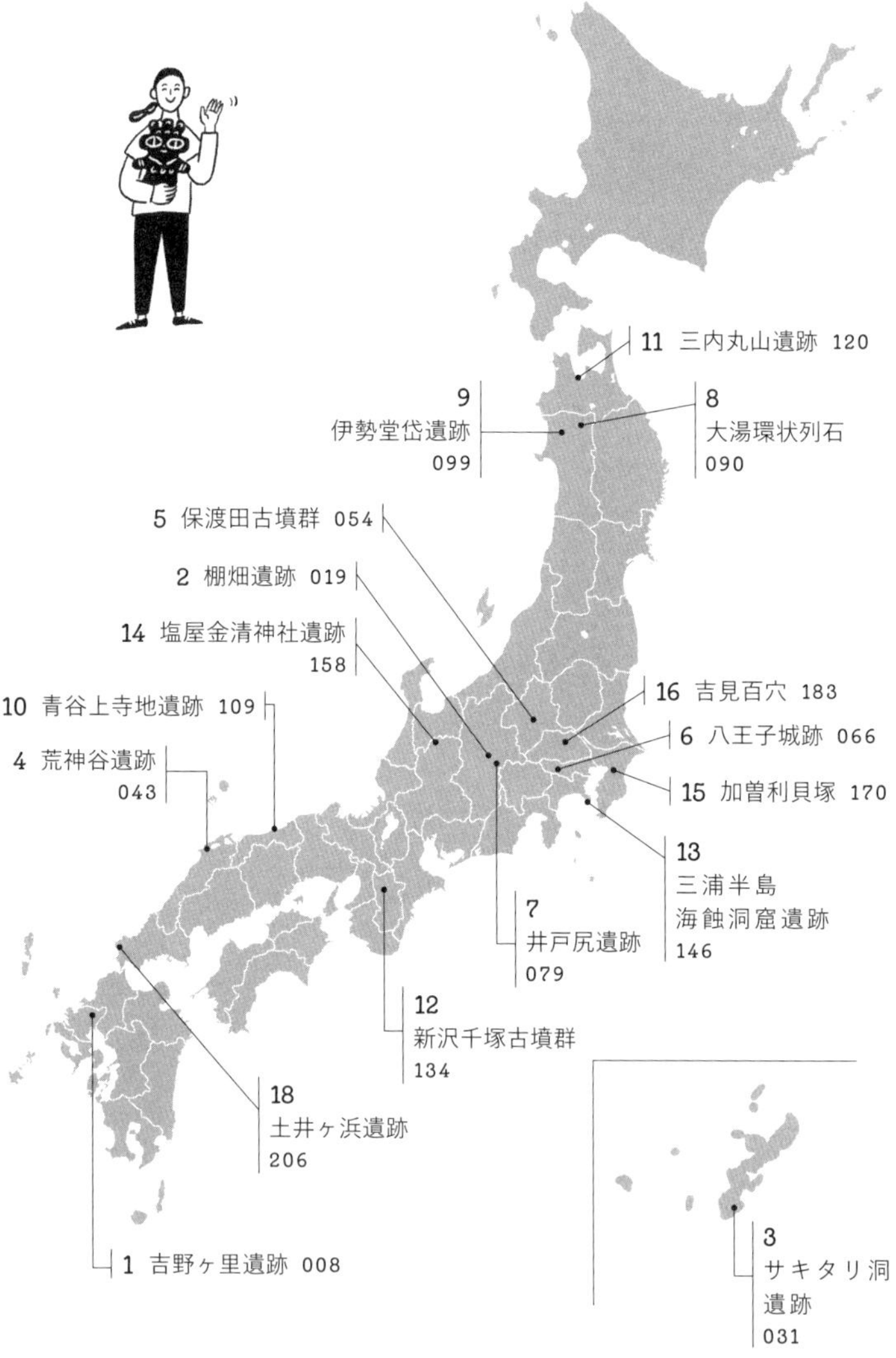

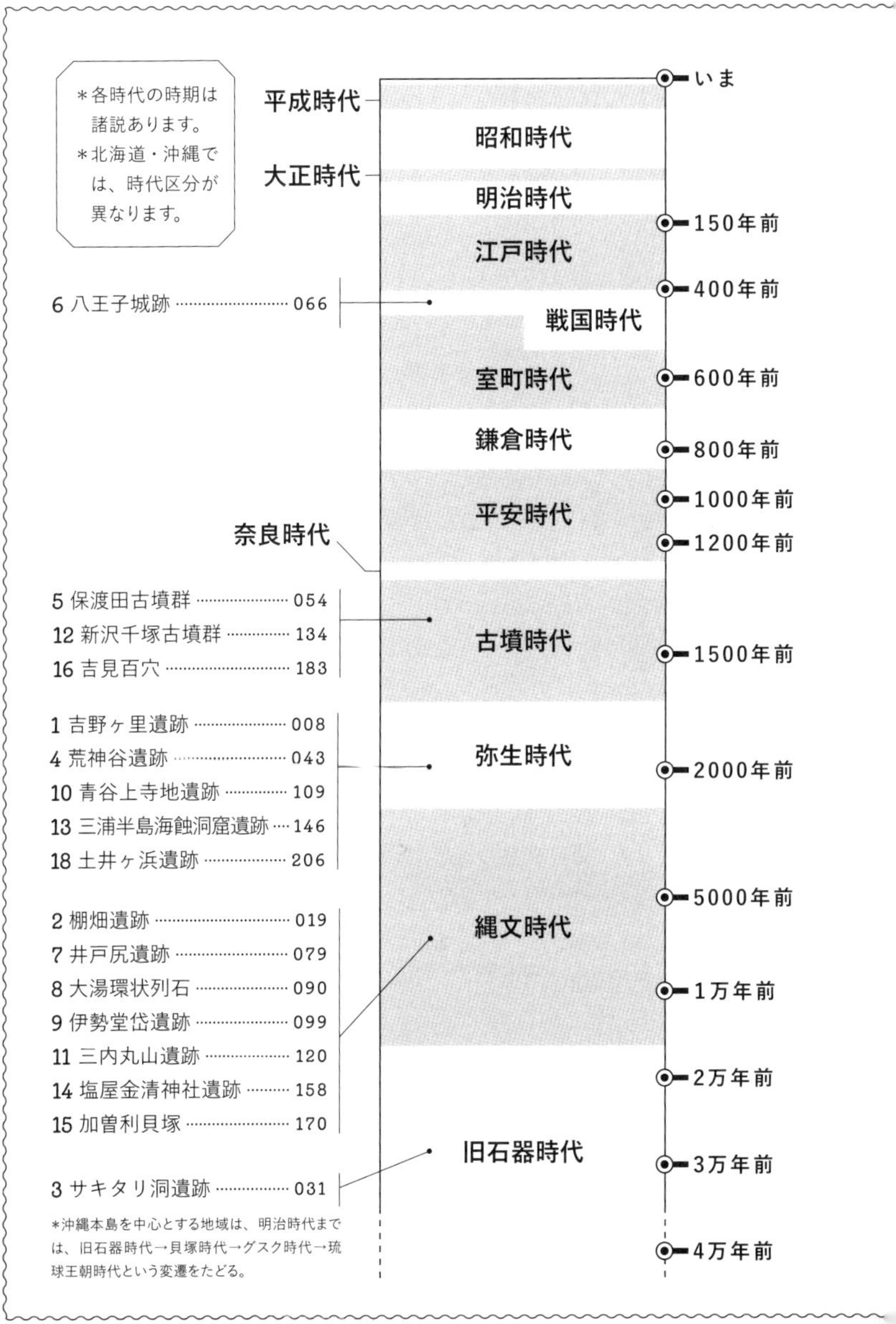

＊各時代の時期は諸説あります。
＊北海道・沖縄では、時代区分が異なります。
いま
平成時代
昭和時代
大正時代
明治時代
150年前
江戸時代
400年前
6 八王子城跡 …… 066
戦国時代
室町時代
600年前
鎌倉時代
800年前
平安時代
1000年前
奈良時代
1200年前
5 保渡田古墳群 …… 054
12 新沢千塚古墳群 …… 134
16 吉見百穴 …… 183
古墳時代
1500年前
1 吉野ヶ里遺跡 …… 008
4 荒神谷遺跡 …… 043
10 青谷上寺地遺跡 …… 109
13 三浦半島海蝕洞窟遺跡 …… 146
18 土井ヶ浜遺跡 …… 206
弥生時代
2000年前
5000年前
2 棚畑遺跡 …… 019
7 井戸尻遺跡 …… 079
8 大湯環状列石 …… 090
9 伊勢堂岱遺跡 …… 099
11 三内丸山遺跡 …… 120
14 塩屋金清神社遺跡 …… 158
15 加曽利貝塚 …… 170
縄文時代
1万年前
2万年前
旧石器時代
3 サキタリ洞遺跡 …… 031
3万年前
4万年前
＊沖縄本島を中心とする地域は、明治時代までは、旧石器時代→貝塚時代→グスク時代→琉球王朝時代という変遷をたどる。

写真提供・所蔵先

【口絵】

毘沙門B洞窟……撮影・提供：千葉毅

大湯環状列石（野中堂環状列石）…提供：鹿角市教育委員会

荒神谷遺跡……yumiko/PIXTA

保渡田八幡塚古墳…撮影・提供：岡﨑瑠美

サキタリ洞遺跡……提供：沖縄県立博物館・美術館

八王子城跡……撮影：編集部

国宝「土偶」（縄文のビーナス）……茅野市蔵、

提供：茅野市尖石縄文考古館

p.80 半人半蛙文有孔鍔付土器……提供：井戸尻考古館、

撮影：田枝幹宏

p.115 花弁高杯……提供：鳥取県とっとり弥生の王国推進課

p.125 土偶……撮影・提供：譽田亜紀子

著者紹介

譽田亜紀子（こんだ・あきこ）

文筆家。1975年岐阜県生まれ。京都女子大学卒。

取材先で出会った観音寺本馬遺跡出土の土偶に衝撃を受け、土偶に興味をもつ。2014年7月に『はじめての土偶』（世界文化社）を上梓。現在は土偶にとどまらず、考古学全般をわかりやすく伝える文筆家として活動中。

主な著作：2016『ときめく縄文図鑑』山と溪谷社、2017『土偶のリアル』山川出版社、2017『知られざる縄文ライフ』・2019『知られざる弥生ライフ』・2021『知られざる古墳ライフ』・2023『知られざるマヤ文明ライフ』誠文堂新光社、2021『かわいい古代』光村推古書院、2021『新版 土偶手帖』世界文化社ほか

こんだあきこの わたしの偏愛遺跡旅《へんあいいせきたび》

2024年4月10日　第１版第１刷発行

著者　譽田亜紀子
発行　新泉社
東京都文京区湯島1-2-5 聖堂前ビル
TEL 03(5296)9620 ／ FAX 03(5296)9621

印刷・製本　精興社

© Konda Akiko, 2024 Printed in Japan

ISBN 978-4-7877-2320-8 C0021

本書の無断転載を禁じます。本書の無断複製（コピー、スキャン、デジタル化等）ならびに無断複製物の譲渡および配信は、著作権法上での例外を除き禁じられています。本書を代行業者等に依頼して複製する行為は、たとえ個人や家庭内での利用であっても一切認められていません。

新泉社の
シリーズ「遺跡を学ぶ」

日本を代表する遺跡、注目される遺跡の魅力を豊富なビジュアルとともにわかりやすく紹介。A5判　96ページ／オールカラー

17　石にこめた縄文人の祈り　大湯環状列石
秋元 信夫　著／1500円＋税

71　国宝土偶「縄文のビーナス」の誕生　棚畑遺跡
鵜飼 幸雄　著／1500円＋税

104　島に生きた旧石器人　沖縄の洞穴遺跡と人骨化石
山崎 真治　著／1600円＋税

115　邪馬台国時代のクニの都　吉野ヶ里遺跡
七田 忠昭　著／1600円＋税

118　海に生きた弥生人　三浦半島の海蝕洞穴遺跡
中村 勉　著／1600円＋税

別冊02　ビジュアル版　旧石器時代ガイドブック
堤 隆　著／1500円＋税

別冊03　ビジュアル版　縄文時代ガイドブック
勅使河原 彰　著／1500円＋税

別冊04　ビジュアル版　古墳時代ガイドブック
若狭 徹　著／1500円＋税

別冊06　ビジュアル版　弥生時代ガイドブック
安藤 広道　著／1700円＋税

別冊05　ビジュアル版　考古学ガイドブック
小野 昭　著／1600円＋税